RIQUEZA360

JAVIER MORODO
RIQUEZA 360

PRÓLOGO DE **OSO TRAVA**

LA FÓRMULA PARA CREAR UNA VIDA LLENA DE RIQUEZA

El papel utilizado para la impresión de este libro ha sido fabricado a partir de madera procedente de bosques y plantaciones gestionadas con los más altos estándares ambientales, garantizando una explotación de los recursos sostenible con el medio ambiente y beneficiosa para las personas.

Riqueza 360
La fórmula para crear una vida llena de riqueza

Primera edición: marzo, 2025

D. R. © 2025, Javier Martínez Morodo

D. R. © 2025, derechos de edición mundiales en lengua castellana:
Penguin Random House Grupo Editorial, S. A. de C. V.
Blvd. Miguel de Cervantes Saavedra núm. 301, 1er piso,
colonia Granada, alcaldía Miguel Hidalgo, C. P. 11520,
Ciudad de México

penguinlibros.com

Penguin Random House Grupo Editorial apoya la protección del *copyright*.
El *copyright* estimula la creatividad, defiende la diversidad en el ámbito de las ideas y el conocimiento, promueve la libre expresión y favorece una cultura viva. Gracias por comprar una edición autorizada de este libro y por respetar las leyes del Derecho de Autor y *copyright*. Al hacerlo está respaldando a los autores y permitiendo que PRHGE continúe publicando libros para todos los lectores.

Queda prohibido bajo las sanciones establecidas por las leyes escanear, reproducir total o parcialmente esta obra por cualquier medio o procedimiento, incluyendo utilizarla para efectos de entrenar inteligencia artificial generativa o de otro tipo, así como la distribución de ejemplares mediante alquiler o préstamo público sin previa autorización.
Si necesita fotocopiar o escanear algún fragmento de esta obra diríjase a CeMPro
(Centro Mexicano de Protección y Fomento de los Derechos de Autor, https://cempro.org.mx).

ISBN: 978-607-385-558-7

Impreso en México – *Printed in Mexico*

A mi esposa y a mi madre.
Sin ustedes, nada de esto sería posible.
Gracias por creer en mí,
especialmente cuando yo mismo
era incapaz de hacerlo.

Índice

Prólogo 11

Introducción

En búsqueda de la libertad 17

La utopía de la libertad

1. Espinas en el camino 31

2. Dinero y estatus: los cimientos 41

3. Los tres minutos que cambiaron mi vida 59

4. El viaje hacia dentro de la cueva 73

5. Sanar también es riqueza 93

6. El comienzo de la revolución 105

La revolución de la riqueza

7. Los cinco pilares del círculo de la riqueza 129

8. Visión 141

9. Psicología 149

10. Finanzas 165

11. Inversión 181

12. Riqueza 211

13. Fórmula de la riqueza 227

Regresando el regalo

Cierre 243

La gran batalla

Epílogo 251

Agradecimientos 259

Prólogo

Oso Trava

Conocí a Javier Morodo hace varios años, a través de amigos en común, y desde entonces nuestra relación ha estado marcada por la admiración mutua, el respeto y un constante intercambio de ideas y aprendizajes. Javier es una persona que siempre ha buscado algo más allá de lo obvio, que ha explorado no solo los caminos tradicionales del éxito, sino también aquellos menos transitados, que llevan al autodescubrimiento y a la verdadera riqueza. Su libro, *Riqueza 360*, es un reflejo de ese viaje, un compendio de sabiduría que ha acumulado a lo largo de su vida y carrera. Es un honor para mí, como su amigo y colega, tener la oportunidad de compartir algunas reflexiones sobre él y su obra en este prólogo.

A lo largo de los últimos seis años, he tenido el privilegio de entrevistar a muchas de las mentes más brillantes del mundo de los negocios en mi podcast *Cracks*, y si hay algo que he aprendido, es que el éxito financiero no siempre viene acompañado de un entendimiento profundo de la riqueza personal. Muchos de estos líderes, a pesar de ser extremadamente exitosos en sus campos, carecen de los conocimientos básicos para gestionar su propia riqueza y alcanzar una verdadera libertad financiera. Este es un vacío que el libro de Javier llena con maestría.

Cuando pienso en Javier, pienso en alguien que nunca ha tenido miedo de desafiar las normas establecidas, de romper paradigmas y de buscar una forma de vida que no solo sea exitosa desde un punto de vista financiero, sino también plena en términos personales y espirituales. Es un hombre que ha recorrido un camino de autodescubrimiento muy similar al mío, en el que ha explorado no solo cómo ganar dinero, sino cómo vivir una vida rica en todos los aspectos.

Riqueza 360 no es solo un manual de finanzas personales; es una guía integral para la vida. Javier nos invita a reconsiderar nuestras creencias sobre el dinero, a entender que la verdadera riqueza no se mide solo en términos de cuentas bancarias, sino en la calidad de nuestras relaciones, en nuestro bienestar mental y físico, y en la manera en que utilizamos nuestros recursos para tener una vida que realmente amamos. Este libro es una herramienta poderosa para cualquier persona que desee construir una existencia de riqueza integral, donde el dinero es un medio, no un fin.

He tenido la fortuna de compartir muchas conversaciones profundas con Javier, tanto dentro como fuera de *Cracks* Podcast, donde hemos intercambiado ideas sobre la vida, el éxito y lo que significa realmente ser rico. En estas charlas, siempre he admirado su capacidad para ver más allá de lo superficial, para entender que el dinero, aunque importante, es solo una parte de la ecuación. Su enfoque holístico hacia la riqueza es refrescante y necesario en un mundo donde a menudo se glorifica el éxito financiero a expensas de otras áreas de la vida.

Lo que hace de *Riqueza 360* un libro tan valioso es que no se trata solo de teoría. Javier ha vivido y experimentado en carne propia los desafíos y las alegrías que vienen con la búsqueda de la libertad financiera y personal. Este no es un libro escrito desde una torre de

marfil; es un libro nacido de la experiencia real, de los triunfos y fracasos, de las lecciones aprendidas a través de los años. Javier comparte
no solo sus éxitos, también sus vulnerabilidades, lo que lo hace aún
más accesible y relevante para cualquier lector.

Además, en un mundo donde las decisiones financieras pueden
parecer abrumadoras, el enfoque de Javier ofrece claridad y dirección.
Su libro es accesible, práctico y, sobre todo, profundamente humano.
Javier ha logrado desmitificar conceptos complejos y los ha presentado
de manera que cualquier persona, sin importar su nivel de conocimiento, pueda comprender y aplicar. Esta es una de las grandes fortalezas
de *Riqueza 360*: su capacidad para hablarle tanto al experto en finanzas como al principiante, ofreciendo valor y perspectiva a todos.

Recomiendo este libro no solo por el contenido valioso que ofrece, sino también porque conozco de primera mano la integridad y el
compromiso con el que Javier ha abordado su vida y su carrera. Su
deseo de compartir su conocimiento y ayudar a otros a alcanzar una
vida plena y rica es evidente en cada página. Javier no solo predica
sobre la libertad financiera; él la vive, y su camino es una inspiración
para todos nosotros.

Otro aspecto que hace que este libro sea imprescindible es la
manera en que Javier conecta la riqueza con el propósito personal,
algo que en mi experiencia ha significado la diferencia entre una vida
llevada de forma reactiva y una vivida con intención que genera no solo
resultados sino un sentimiento de profunda plenitud. En *Riqueza 360*,
él nos enseña a manejar el dinero al mismo tiempo que nos desafía a
encontrar y perseguir nuestro propósito en la vida. Nos recuerda que
el dinero, cuando se utiliza correctamente, puede ser una herramienta
poderosa para alcanzar nuestras metas más profundas y para alcanzar
una vida llena de significado.

En mi experiencia como entrevistador de líderes y visionarios,
he visto cómo muchos de ellos, a pesar de su éxito, luchan por encontrar un equilibrio entre su vida personal y profesional. *Riqueza 360*

aborda este tema de frente, ofreciendo estrategias no solo para ganar dinero, sino para hacerlo de una manera que esté alineada con nuestros valores y objetivos personales. Este enfoque es esencial para cualquier persona que quiera no solo tener éxito, sino también una vida equilibrada y satisfactoria.

Javier también nos lleva a través de su propio viaje de autodescubrimiento, un viaje que es tanto personal como profesional. Nos muestra cómo ha logrado superar sus propios obstáculos y cómo ha utilizado esas experiencias para crecer y evolucionar. Este es un libro sobre la transformación, sobre cómo podemos utilizar nuestras experiencias, tanto buenas como malas, para construir una vida de verdadera riqueza.

Finalmente, quiero destacar que *Riqueza 360* es más que un libro; es un llamado a la acción. Javier nos desafía a tomar control de nuestras vidas, a ser intencionales con nuestras decisiones financieras y a no conformarnos con menos de lo que realmente queremos. Este es un libro para aquellos que están listos para dar el siguiente paso en su vida, para aquellos que están dispuestos a hacer el trabajo necesario para alcanzar una verdadera libertad financiera y personal.

Es un honor para mí escribir este prólogo, no solo como amigo, sino como alguien que ha aprendido y se ha inspirado en el viaje de Javier. Estoy seguro de que los lectores encontrarán en *Riqueza 360* una guía indispensable para alcanzar no solo la libertad financiera, sino también una vida plena y significativa. Javier Morodo es un líder, un visionario y un verdadero ejemplo de lo que significa vivir una vida de riqueza en todos los sentidos.

*Es mejor morir luchando
por la libertad
que ser prisionero todos los días
de tu vida.*
Bob Marley

INTRODUCCIÓN
En búsqueda de la libertad

¿Qué es para ti la libertad? Quizá es muchas cosas. O quizá es de esos conceptos tan etéreos y simples que, paradójicamente, son difíciles de describir. Yo, al menos, entendí su verdadero significado muchos años después de haberla perdido.

Imagina por un segundo qué sería de tu vida si perdieras tu libertad. Y no hablo solo de tu libertad física, sino de una pérdida de libertad quizá más escalofriante. Me refiero a que en algún momento crearas en tu mente una prisión imaginaria, con barreras prácticamente imperceptibles y que parecieran indestructibles. Yo vivía en esa prisión. Por eso comenzó esta búsqueda.

Recuerdo perfectamente el paisaje desde aquel tren rumbo a Saltillo: el camino semidesértico decorado con los rojizos rayos del sol que se colaban sigilosos entre los árboles dándome un espectáculo de perfección y armonía justo en medio de un escenario que olía a caos; desértico, árido y, aun así, sorprendente y maravilloso. ¡Qué paradoja! Tal vez, todo aquello era un aviso, un augurio de lo que estaba a punto de ocurrir en mi vida. Quizá estaba frente a un espejo cuyo reflejo no era capaz de percibir. Un caos dentro de una hermosa y natural fachada. Había esperado con muchas ganas ese viaje y todo parecía estar bien en mi vida. O quizá ni siquiera era consciente de los problemas a mi alrededor. ¿Y cómo serlo con tan solo siete años? Era la primera vez que me iba de campamento y sentía una ilusión enorme por lo que me depararía la experiencia. Entre juegos, nuevas amistades, amaneceres solo concebidos en la cabeza de algún artista plástico o un gran escritor, viví uno de los momentos más hermosos de mi niñez.

Pero todo cambió cuando llegué a casa. Esa tarde jamás la olvidaré.

Al regreso del campamento entré súbitamente directo a mi recámara, sin avisar a nadie, sin darme cuenta de lo que estaba ocurriendo ahí mismo. Me escabullí hacia la calle para jugar fútbol como tantas otras veces lo había hecho, solo que esta vez sería diferente; estaba lejos de imaginar que esa misma tarde marcaría un antes y un después en mi vida. Concentrado en el juego no me di cuenta del vecino que dirigía sus pasos hacia mí.

—Oye, Javier, ¿cómo estás? —preguntó en tono inquisitivo.

—Bien —respondí en automático. Mi atención estaba por completo en el juego.

—¿Seguro? —insistió.

Y ahí sí comencé a ponerle atención. Su pregunta inquisitiva y hasta morbosa me confundió.

—Sí, seguro. ¿O de qué hablas? —fui yo quien ahora hacía las preguntas.

—Pues… quería saber cómo te sentías por la muerte de tu papá.

"La muerte de tu papá…" Sus palabras no tenían ningún sentido. Pasé en segundos de la confusión al enojo. ¿Quién puede ser tan imprudente como para hacer una broma de tan mal gusto a un niño que juega fútbol con sus amigos a la mitad de la tarde?

—No sé de qué hablas. Mi papá está vivo —respondí con algo de rabia.

INTRODUCCIÓN | 19

Pero sus palabras permanecían rumiantes en mi cabeza y de inmediato sentí la necesidad de correr a casa. Al cruzar la puerta, una comitiva familiar esperaba. Sentados en la sala, todos voltearon a mirarme. De repente una fría ventisca recorrió mi cuerpo. Lo curioso es que no había viento ni hacía frío; aquella sensación era provocada por mi mente, pero se sentía real, la sentía en el cuerpo. "¿Qué hace toda esta gente aquí?", me pregunté con nerviosismo. ¿Las palabras del vecino eran ciertas? ¿En dónde estaba mi papá? Una ráfaga de preguntas incesantes me abordaba sin darme oportunidad de pensar en unas posibles respuestas coherentes a cada una de ellas.

En instantes el frío se convirtió en calor. Mis manos empezaron a sudar sin parar y mi frente también. Sin entender nada, intenté hacerme consciente de los hechos. La presencia de mi familia con esas caras largas solo podía significar que quizá lo que el vecino me había dicho no era una mala broma, y ellos venían a contener el momento, lo que se supone que hacen la familia y los amigos en una situación como esta. Pero, si la hipótesis del vecino era cierta, ¿por qué nadie me había dicho nada? ¿En qué momento pasó? ¿Por qué me dejaron jugar fútbol sin tener la cortesía de ir a buscarme para darme una noticia de este tamaño? Más preguntas, más confusión, menos respuestas.

Busqué a mi mamá con la mirada y sus ojos revelaron la verdad, la única que no quería escuchar. Y ni siquiera tuvo que decir una sola palabra. En fracciones de segundo me rompí en mil pedazos. Y mi vida… jamás volvió a ser la misma.

Un día antes de irme al campamento que me llenaba de tanta ilusión, mi mamá se enteró de su muerte. Fue exactamente el 4 de julio de 1991, siete días antes de mi cumpleaños. Tan inesperada noticia le causó un enorme desconcierto. Sin saber cómo decírmelo justo cuando hacía mi maleta para vivir el viaje de mis sueños, optó por callar. Esperaba que sus pensamientos y sus emociones se articularan. Entonces apostó por darse ese espacio que mi ausencia de unos días le proporcionaría para aclarar sus ideas. Me envió al campamento como había sido el plan original y sin decir nada al respecto.

Ahora, todo cobraba sentido. Ella lloraba desconsolada cuando se despedía de mí en la estación del tren, mientras yo imaginaba que nuestra efímera y sutil separación de unos días era la responsable de esas lágrimas que no paraban. Ahora sabía que su llanto era por otra razón. Me quedé inmóvil frente a todo el mundo en aquella sala de mi casa llena de gente. No hice preguntas; es más, no pude decir siquiera una sola palabra. Simplemente corrí a esconderme a mi recámara. En ese momento me sentí tan herido que no pude entender la decisión que mi mamá había tomado. Habían pasado diez días y yo me enteré de la muerte de mi papá por la pregunta casual e impertinente de un vecino en plena calle. ¿Por qué me ocultaron esa noticia por tanto tiempo? Mis emociones me desbordaron y, sin saberlo, empecé a construir la primera barrera en mi mente. Una profunda brecha de desconfianza se abrió de par en par y a partir de ese momento empecé a desconfiar de todo y de todos.

Construí fuertes barrotes emocionales, una cárcel en mi cabeza, la cual me robaría la libertad y la paz por muchos años. Desafortunadamente no fue la única cárcel. Y lo peor es que no era solo yo. Perder la libertad y tener que luchar para recuperarla parecía ser el decreto que me marcó a mí y a mi familia por generaciones.

Mi madre, Corina Morodo, creció en el seno de una familia muy tradicional, donde ser mujer significaba tener menos derechos que sus hermanos varones. Ella es la cuarta de cinco hijos y, aunque después tuvo otra hermana, al principio era la única hija, por lo que se vio confrontada a un cúmulo de paradigmas y restricciones. Siendo tan propio de la época, mis abuelos querían prepararla para ser ama de casa. Dichas imposiciones provenientes del entorno, lejos de llevarla por el camino de la sumisión, exacerbaron su rebeldía.

Las primeras muestras de su férrea personalidad salieron a relucir muy pronto, cuando trataba de hacer valer sus derechos de libertad igualitaria dentro del seno familiar. Por su parte, mi papá,

Javier Martínez, fue criado en una familia muy disfuncional, donde el dinero abundaba tanto como la falta de una figura paterna.

Ella, de una familia trabajadora muy conservadora, y él, de una familia más bohemia, encontraron en sus diferencias el caldo de cultivo perfecto para que floreciera un amor muy pasional y poco racional. Y en contra de la voluntad de mis abuelos maternos —en especial porque mi papá había tenido un matrimonio previo donde, además, nació Félix, mi medio hermano mayor—, mis padres se casaron. Buscando alcanzar la libertad que tanto anhelaba tener mi mamá, alejada por completo de la rigidez familiar, decidieron asentarse en Cancún, una ciudad que estaba naciendo y que les ofrecía una nueva promesa de ser libres y de tener una vida aventurera que ambos buscaban experimentar. Como fruto de su amor llegué al mundo en 1984, aderezando una relativa y fugaz felicidad en el hogar. En ese nuevo contexto de absoluta libertad, los excesos desmedidos causaron un estado de disfunción brutal y destructivo manifestado a través de exabruptos, alcohol y violencia intrafamiliar.

En medio de ese escenario caótico mi mamá quedó embarazada de mi hermano y todo se salió de control. Agobiada ante la atmósfera circundante, incapaz de contener el desenfrenado ritmo de adicciones y autodestrucción en que estaba envuelto mi papá, decidió separarse de él, ya que, nuevamente, mi mamá había sido privada de la libertad que había creído alcanzar: la libertad de ser feliz, la libertad de ser ella misma. En la distancia encontró un respiro para dejar atrás ese pasado que lejos de proporcionarle una sensación de ser libre la esclavizaba; entonces fijó como destino la Ciudad de México, y con mi recién nacido hermano y mi pequeña versión de dos años viajó hacia su nuevo hogar.

En medio de lo atropellado de sus decisiones se desplazó al lugar del que alguna vez había escapado: la casa de sus papás. Mi abuelo le ofreció cobijo, pero bajo sus propias condiciones. Ser madre soltera en una época donde serlo era sinónimo de ser juzgada por todo mundo, y considerada como una persona sin posibilidades reales de hacer algo con su vida, era una lamentable sentencia de vida, sentencia que ella nunca iba a aceptar. Le tocó vivir mucha injusticia de género y estigmas sociales, pero se negaba a ser definida por no tener un hombre a su lado. No estaba dispuesta a aceptarlo, ni a revivir los episodios amargos en ese mismo hogar tiempo atrás, mucho menos a condicionar una vez más su libertad. "Por supuesto que no", le dijo a mi abuelo muchas veces, dejando relucir la naturaleza rebelde que tanto defendía, pese a la situación de vulnerabilidad en la que se encontraba.

Se propuso demostrar que tenía la capacidad de generar valor dentro de la empresa familiar y para ello trabajó... y mucho. Al principio no fue sencillo, ya que mi abuelo demostraba un evidente favoritismo por mis tíos, por ser hombres. Ellos vivían en casas muy grandes mientras nosotros en una muy pequeña. Se rodeaban de lujos, en tanto nosotros vivíamos una vida bastante modesta. Así que, con una despiadada sed de aprendizaje basada en la constancia, mi mamá aprendió del negocio familiar desde los cimientos hasta los más altos niveles y al poco tiempo le mostró a mi abuelo su capacidad y liderazgo. Desarrolló productos innovadores que llevaron la empresa al siguiente nivel y, de esta forma, se ganó más espacios en la fábrica y, más importante aún, el respeto de mi abuelo. El impacto fue tan significativo que permeó hasta en sus vidas personales, sanando su relación. Se volvieron muy cercanos, como nunca lo habían sido, o tal vez como siempre lo fueron.

Durante esos años, mientras mi mamá luchaba por sacar adelante a sus dos hijos pequeños y ser verdaderamente libre, conviví muy poco con mi papá. Lo recuerdo como un padre amoroso en el poco tiempo que estuvimos juntos. Es un poco contradictorio porque también recuerdo su ausencia. Yo esperaba con ansias su próxima visita, la cual muchas veces nunca llegó. Lo que sí llegaba era una carta días después de parte de él justificándose y con eso me tenía que conformar. A veces pienso que esas cartas eran escritas por mi mamá para mitigar el dolor que provocaba en mí cada nueva cancelación de su tan prometida visita.

Mi papá tampoco fue un hombre libre, estaba profundamente enfermo y siendo víctima de sus condiciones... falleció. Vagamente recuerdo esos días amargos, no más allá de la tristeza que embargaba mi corazón y un intenso vacío que llenaba mi cuerpo. Lo que sí recuerdo es sentir, quizá inconscientemente a esa edad, coartada mi libertad en la vida y las posibilidades de mi mundo, razón por la que tuve que crear una libertad imaginaria, alterna, negando su ausencia. En la escuela y eventos importantes me inventé un papá que vivía salvando al mundo..., un papá que existía. Así fue como me convertí en un gran contador de historias, tanto que yo mismo me las creía. Pero la historia carecía de sustancia y, cada vez que alguien me descubría y mencionaba algo negativo acerca de mi papá o afectaba mi visión sobre él, me sentía furioso, lleno de rabia. Y así, una nueva prisión mental nació en mí. Como mecanismo de defensa me volví impulsivo, agresivo e incapaz de contener mis emociones. Mirándolo en retrospectiva, creo que mis limitados recursos me empujaron a sobrellevar el duelo de esa forma, evitando el dolor de sentirme desprotegido, abandonado. Finalmente, cada uno intenta mantener la cabeza a flote con las herramientas que tiene a su disposición.

Mi hermano Fer fue mi fuerza para sobreponerme a todas estas circunstancias. Creamos también nuestro mundo, nuestro mundo paralelo en donde solo existía la felicidad y el amor. Ahí vivíamos y sobrevivíamos; nos teníamos el uno al otro para apoyarnos y para encontrar sentido a nuestras vidas, en la incomprensión social y en la realidad de nuestra propia casa.

Tres momentos de mi infancia quedaron muy marcados en mi memoria, solo tres. El primero fue una escena de violencia intrafamiliar cuando apenas tenía un par de años y seguíamos viviendo en Cancún. Recuerdo estar en las escaleras de nuestra casa y desde ahí escuchar gritos y ver imágenes muy fuertes que se quedaron plasmadas en mi inconsciente. El segundo momento fue justamente cuando me enteré de que mi padre había muerto; recuerdo todo lo que pasó ese día con lujo de detalle. El tercer momento es algo extraño, ya que no estaba pasando nada en particular, pero lo recuerdo porque creo que en ese momento comprendí mi "nueva" realidad e hice las paces con el juego que la vida me estaba presentando. Recuerdo muy bien que fue cuando tenía ocho años. Comencé a reconocerme como individuo y, si bien había tenido momentos muy complicados en la vida, también reconocía lo maravilloso de esta experiencia humana en mi familia "diferente", pequeña, pero muy unida, con mi hermano siempre incondicional y una madre que, aunque dura, siempre fue mi mayor ejemplo.

Con el tiempo, aunque fui a terapia, el duelo no sanado y mi ira hicieron que la relación con mi mamá fuese muy complicada y, como respuesta a mi rebeldía, el autoritarismo se volvió el eje central en el hogar. Las órdenes y consecuencias sin explicación ni argumentos se intensificaron conforme avanzaba el tiempo. Y ahí me di cuenta, quizá por primera vez en mi vida de forma consciente, de que lo único que yo quería... era ir en búsqueda de mi libertad. Había dejado de ser libre muchas veces; no obstante, fue hasta este momento que empecé a entender de forma consciente lo que según yo significaba la libertad.

Y no fue lo único que comencé a entender. Entendí también que yo estaba repitiendo los patrones de mi mamá, los mismos que ella evidenció frente a su padre. Ambos éramos victimarios y víctimas en el juego de la vida.

A partir de ese momento, viví con un sentimiento de injusticia permanente y, sometido a esa continua represión, mi naturaleza rebelde respondió. Buscando recuperar la libertad que sentía arrebatada, me rebelé como un volcán en erupción y, claro, eso tambaleó la relación con mi mamá a tal grado que se decantó en una retórica contundente que marcaría mi vida: "Esta es mi casa y aquí se siguen mis reglas. En el momento que te vayas y tengas tu dinero, puedes hacer lo que quieras". Esa narrativa retadora, paradójicamente, dio dirección a mi vida.

Sintiéndome contra las cuerdas, incomprendido, juzgado y minimizado frente al poder autoritario de mi madre y sin derecho a réplica, me tomé tan a pecho aquellas palabras que se convirtieron en uno de mis grandes móviles para generar mucho dinero. Fue el detonante que encendió mi fuego interno para demostrar que yo sí valía en el mundo.

Me prometí que no sería más un esclavo de las circunstancias. Sería exitoso y libre..., realmente libre. Y ahí comenzó mi búsqueda, aunque al principio buscaba una libertad material y quizá motivada por los estímulos incorrectos. Buscaba ser libre desde el miedo, desde la venganza y sin entender qué significaba realmente ser libre.

La libertad tiene diferentes significados, dependiendo de cada persona y el momento de su vida. Y, para ese Javier de 16 años, la libertad significaba una sola cosa: tener dinero, mucho dinero.

Justo ahí se forjó mi relación con el dinero y, por ende, se intensificó esa búsqueda de la tan ansiada libertad. En las siguientes dos décadas me hice financieramente muy exitoso, rompí todos mis límites respecto al dinero. Ocupé posiciones muy importantes en empresas maravillosas, tuve grandes mentores y, sí, el dinero estaba ahí. La profecía autocumplida. Pero no me había dado cuenta de que seguía sin comprender el significado de la libertad.

Finalmente, cuando mi vida profesional colapsó, entendí su verdadero significado y ahí comenzó una nueva búsqueda, solo que ahora el camino era hacia dentro de mí. Ahí encontré respuestas a preguntas que ni siquiera me había planteado. Fue en este proceso de autoconocimiento e introspección que pude finalmente visualizar la libertad y entender lo que "ser libre" realmente significa.

La libertad es un pilar muchas veces etéreo, pero la realidad es que es sinónimo de tener opciones en la vida, opciones para hacer lo que anhelas, para estar con quien desees, para pensar lo que quieres y, sobre todo, opciones para ser feliz.

Usualmente no nos damos cuenta de que estamos condicionados: a una pareja que nos maltrata, a un jefe que odiamos, a un país que detestamos. Las estadísticas son escalofriantes: 40% de las mujeres mexicanas sufren violencia intrafamiliar, 85% de los empleados expresan ser infelices en sus trabajos, una tercera parte de los mexicanos quiere cruzar la frontera poniendo en peligro su propia vida, el 97% de las personas mueren en el lugar que. Vivimos esposados a una realidad que no deseamos y que puede cambiar teniendo opciones. El dinero... proporciona muchas de esas opciones. El problema es la percepción sobre él: está polarizada, es muy incomprendida y a veces, tristemente, produce vergüenza, tener dinero, ya sea mucho o muy poco. Puedes sentirlo distante y solo alcanzable para algunos cuantos, para las personas de familias "ricas"; pero debo decirte que el dinero está al alcance de todos, en abundancia, incluso hay una fórmula para conseguirlo. Como menciono en mi podcast: "Hacer dinero no es magia negra, hacer dinero es una ciencia". En este libro comprenderás esta fórmula.

El dinero es simplemente una idea, una tecnología, una filosofía, y proporciona una condición idónea y necesaria que te ayuda a transitar el camino de la vida con más comodidad, con más tranquilidad y con más opciones, pero no representa todo, porque, en realidad, lo que te hace realmente libre es trabajar en ti y tu enfoque debe apuntar en esa dirección.

Con intención y propósito claros todo fluye sin resistencia, sin dolor o sufrimiento. Y el dinero..., el dinero estará ahí. El dinero es una consecuencia de tus objetivos, no el producto. Y, ciertamente, el dinero es fuente de riqueza, pero no una riqueza malentendida. No solo una riqueza material, sino una verdadera riqueza que te da la libertad.

Por esto, lo que quiero mostrarte en este camino es que la riqueza importante no es la riqueza financiera, es la Riqueza 360, la riqueza de lo que haces en tu día a día, la que se encuentra al servicio de tu visión de vida. Es esa riqueza que te impulsa a romper las cadenas de la esclavitud emocional, mental, espiritual y física, y así ser realmente libre. Hoy, después de haber derribado cientos de barreras que me robaron la libertad muchas veces y que yo mismo forjé en varias etapas de mi vida, soy un hombre en búsqueda de la libertad y quiero compartir contigo lo que he aprendido e implementado para ayudarte a ti a construir tu propio camino. La riqueza es el mejor camino hacia la libertad.

Bienvenido a *Riqueza 360*, la verdadera revolución de la riqueza.

Javier Morodo

PARTE I

LA UTOPÍA DE LA LIBERTAD

*La soberbia es la máscara
de la ignorancia.*

Anónimo

CAPÍTULO 1

Espinas en el camino

En plena efervescencia de rebeldía, los años fueron configurando mi personalidad. Siendo de tan mecha corta durante mi adolescencia, no dudaba en explotar cuando cualquiera se atrevía a emitir algún comentario sobre mi papá. Aquello no era más que un mecanismo de defensa para sobrellevar el conflicto que se desarrollaba en mi interior. Vivía preso de la duda, del resentimiento y de la sensación de abandono por crecer sin un padre y bajo unas reglas estrictas e incómodas que coartaban mi libertad, o al menos lo que yo entendía que era libertad. Vivir con tal desenfado, queriendo imponer mis propias reglas sin importarme las consecuencias, me ganó la fama de ser un chico problema. Mi rebeldía se decantaba en el desafío de toda figura de autoridad, su control y coerción.

Y, en ese aspecto, la escuela resultaba ser el arenero perfecto. Mientras daba rienda suelta a mi comprensión del mundo, tuve muchos enfrentamientos con diversos profesores que intentaban imponer su autoridad cuando yo refutaba sus explicaciones, lo que derivaba en álgidas discusiones que me pusieron varias veces al borde de la expulsión de la escuela. Por fortuna nunca se materializó porque mi terapeuta justificaba mi comportamiento alegando que tenía gran capacidad intelectual y que me aburría fácilmente, pero que en realidad respondía a lo que estaba viviendo emocionalmente.

Entonces, siendo medido por mis heridas del pasado, era común escuchar: "Deben comprenderlo dada la situación que le ha tocado vivir". ¡Y ahí estaban! Esas palabras resultaron ser la coartada perfecta para tener el "permiso" de comportarme de forma desafiante. Decidí jugar ese juego para liderar la revolución en contra de la autoridad y salirme con la mía, reprobando diversas materias porque el estudio no me provocaba el más mínimo interés; sin embargo, arremetía al final con tanta fuerza que normalmente terminaba sacando 10 de calificación, incluso llegando a formar parte del cuadro de honor. Tener la certeza de siempre conseguir lo que me proponía a veces era considerado soberbio por los demás, especialmente por aquellos profesores a quienes había desafiado con tanto cinismo.

Todo este coctel explosivo de rebeldía y desconexión con las figuras de autoridad formó parte de mi juventud. Hoy comprendo lo difícil que fue criarme y, aún más, controlarme. Por si esto no fuese suficiente, la bola de nieve crecía exponencialmente cuando la variable "dinero" entraba en la ecuación. Desde ese momento de mi vida tuve claro, erróneamente, que el dinero era la única salvación a cualquier problema que pudiera enfrentar en mi presente y en mi futuro.

Y no es que hubiese grandes carencias en el hogar, pero era evidente que mi mamá apenas llegaba a fin de mes cubriendo los gastos de la casa y nuestra educación. Este hecho se acentuaba más cuando nos comparábamos con las personas a nuestro alrededor, en especial con mis tíos y primos, quienes tenían un estilo de vida muy superior al nuestro.

Vivir limitados condujo a mi mamá a través del único camino que conocía como mecanismo de respuesta, y ese era el control. Meticulosamente determinaba lo que hacíamos y lo que no, lo que nos daba y lo que no, cómo nos premiaba y cuándo hacerlo. Al controlar el destino de cada peso, controlaba nuestros propios destinos. Ante tanto control, me sentía asfixiado, perdido, esclavizado, y esto desencadenó innumerables discusiones; en muchas de ellas, el desenlace fue mi expulsión de la casa. Tanto así que durante mi etapa universitaria viví en múltiples ocasiones en las casas de mis amigos.

El objetivo de mi mamá era aleccionarme, mostrarme una forma de vida que me hiciera responsable de mis decisiones, pero para mí en ese entonces era difícil entender su forma de actuar. Estando lejos de casa y fuera de su vista, ella sentía preocupación de que yo pudiera ser un riesgo para otros y sobre todo para mí. Tal aseveración estaba sustentada en su creencia de que "yo era un vivo reflejo de mi papá". Hoy sé que el miedo impulsaba el modo de actuar de mi mamá y que la ansiedad que le generaba imaginar que su hijo siguiera los pasos de su padre, le pasara algo o incluso muriera, tal y como había sucedido con mi papá, la inducía a la coerción que restringía mi libertad.

Y así transcurrió mi adolescencia, entre peleas, discusiones, irreverencia y múltiples entradas y salidas de casa, hasta que me tocó decidir qué estudiar en la universidad y ahí el panorama fue muy claro para mí.

Aunque era el producto de dos artistas —un fotógrafo y una diseñadora—, mis motivaciones me alejaban por completo de la figura y el molde profesional que había visto en ellos, dos bohemios intentando construir un hogar al ritmo que tocaban sus emociones. Yo, por el contrario, quería hacer dinero.

Como te conté, para mí el dinero era sinónimo de libertad, de no tener que volver a seguir las reglas ni de mi mamá ni de nadie, y así surgió la pregunta obligada: "¿Cuál es la carrera con la que más dinero puedo hacer? Pues economía suena a manejar dinero". Y con este somero análisis motivado por una utopía de libertad, aunque detrás de todo estaban el odio y una sed incontrolable de destacar, fue que tomé una de las decisiones más importantes de mi vida: convertirme en un economista.

El primer día de clases me levanté temprano y, luego de alistarme, dirigí mis pasos al campus con una sonrisa en el rostro, mientras pensaba en mi futuro como un empresario muy exitoso, un gran economista reconocido y, por supuesto, un inversionista audaz, como muchos de esos hombres de los cuales había leído y escuchado desde que era pequeño. Estaba ansioso por conocer todo lo que me esperaba en este nuevo mundo del dinero, el éxito y la libertad que trae consigo.

El primer día de clases, uno de los profesores, un hombre de mediana edad, con barba y gafas redondas, de voz grave y firme, pero también amable y cordial, nos explicó que la economía es una ciencia social que estudia el comportamiento humano en relación con la producción, el intercambio, el consumo y la distribución de bienes y servicios. Enfatizó que era una herramienta poderosa para entender y transformar la realidad, pero también una disciplina compleja y desafiante que requiere de rigor, creatividad y ética.

Sentí fascinación ante aquellas palabras y entendí que estaba en el lugar indicado, que había encontrado mi vocación. Desde siempre lo había sabido, pero sentirlo con tal devoción representaba una conexión más profunda y una claridad absoluta de lo que quería hacer con mi vida. Me imaginé como un futuro economista, capaz de analizar datos, resolver problemas grandes y generar mucho… mucho dinero.

Terminé la escuela con una gran satisfacción; ahora estaba listo para el mundo real, para la vida, para el dinero. La sed de hambre y triunfo se convirtió en el catalizador que me impulsó a buscar oportunidades laborales que yo consideraba consistentes con el futuro que iba gestando en mi cabeza.

Me imaginé comiéndome el mundo siendo el lobo de Wall Street. En mi futuro imaginario había viajes, muchos de ellos justamente a Wall Street, comidas de negocios con personas exitosas e interesantes, mucho crecimiento y, claro, dinero. Creyendo que las ofertas laborales volarían hacia mí, me encontré con la primera decepción profesional al ver que la única oferta que tenía era minúscula en comparación con mis aspiraciones. Bien dicen que, si quieres hacer reír a Dios, le cuentes tus planes, y así fue conmigo. Esta fue mi primera gran lección profesional: las cosas raramente funcionan como las tienes planeadas.

Sabiendo que era la única oportunidad en ese momento, acepté y así fue mi primera incursión en el mercado bursátil como un empleado de telemarketing para la plataforma en línea AcciTrade de Accival, la casa de bolsa de CitiBanamex.

Además, entré en un momento en donde los mercados financieros estaban al borde del colapso. A los pocos meses de mi primera experiencia laboral estalló la bomba que detonó los mercados. En el corazón de Wall Street, un banco de inversión centenario se tambaleaba al borde del abismo. Su pecado había sido apostar demasiado por las hipotecas "subprime", unos préstamos de baja calidad que habían alimentado la burbuja inmobiliaria y que se habían convertido en activos tóxicos. Nadie quería comprarlos, nadie quería prestarles dinero, nadie confiaba en ellos. Así fue como en un abrir y cerrar de ojos Bear Stearns se quedó sin liquidez, sin crédito, sin futuro.

El gobierno de Estados Unidos decidió no rescatarlo y lo dejó a merced del mercado. Solo un banco se atrevió a comprarlos: JPMorgan Chase. Pero lo hizo a precio de liquidación: solo 10 dólares por acción, una miseria comparada con los 133 dólares que valía unos meses antes. Fue una operación vergonzosa, dolorosa. El orgullo de Bear Stearns se desvaneció en un instante. Sus empleados, clientes, accionistas, todos perdieron. Fue el fin de una era, el principio de una pesadilla. El colapso de Bear Stearns desencadenó una crisis financiera global que arrastró a otros gigantes como Lehman Brothers.

Para cuando la primera quincena de septiembre llegó, Lehman Brothers se declaró en bancarrota, producto de las enormes pérdidas y falta de liquidez. Esta decisión provocó un efecto dominó, dando inicio a una profunda depresión de confianza y solvencia. Muchos bancos, empresas e inversionistas se vieron en jaque por la quiebra de Lehman Brothers que se llevó entre las patas a empresas como Merrill Lynch, AIG, Fannie Mae y Freddie Mac.

Las consecuencias fueron devastadoras para la economía mundial, provocando un aumento de desempleo, caída del consumo, contracción de créditos y agudización de la desigualdad social. Nadie estaba contratando, todo lo contrario; los innumerables despidos se convirtieron en la norma. Por doquier, cada vez más personas veían sus sueños desmoronarse ante sus ojos, porque no contaban con el sustento económico fundamental para sostener a sus familias.

Fue el mayor desastre desde la Gran Depresión, marcando un antes y un después en la historia económica y financiera del siglo XXI.

Pese a la atmósfera en penumbras, yo continuaba centrado en mis metas. Rápidamente logré establecerme dentro de la empresa y con esfuerzo y dedicación demostré mi valía. A los pocos meses me ascendieron al equipo de estrategia digital dentro de la casa de bolsa. Trabajé arduamente en los productos digitales, sacando a relucir mis talentos y las miradas empezaron a interesarse por mi buen desempeño. No tardé en escalar dentro de la organización. Me dieron proyectos de mayor relevancia y otras áreas dentro del banco empezaron a voltear a verme. Un buen día mi jefe se acercó para comentarme que otra área del banco se había interesado en mí y querían solicitar mi traslado.

—¿Sabes algo al respecto? —me preguntó.

—Sí, sí. Me han buscado y hemos platicado. Se ve interesante la oportunidad —afirmé con entusiasmo, pensando que él también lo estaría al verme crecer.

Cuán equivocado estaba. Aquí vino otro gran aprendizaje: no todo el mundo te quiere ver triunfar. El ego de personas inconscientes son la mayor barrera del crecimiento colectivo de la humanidad. Esa persona, cuyo nombre mantendremos anónimo, decidió coartar el crecimiento de un joven ilusionado por sentirse amenazado por sus inseguridades. Sintió que ese intercambio de palabras era un acto de deslealtad, de traición, y decidió bloquear mi avance. Me excluyó de todos los proyectos y toda responsabilidad; quedé relegado a la esquina como un niño regañado. Nuevamente había perdido mi libertad, justamente en el lugar donde pensaba que la iba a encontrar.

Literalmente, por tres meses no tuve nada que hacer más que mirar a la gente ocupada caminar de un lado a otro. Para mi yo de 23 años aquel impedimento representaba una catástrofe en mi vida. Hablé con el departamento de recursos humanos, también con el jefe del otro equipo y hasta escribí una carta dirigida a las altas esferas. Terminó pasando nada. La burocracia impera siempre en las grandes instituciones y es en sí su mayor enemigo. Mis días estaban contados. Había perdido mi derecho a ser promovido. Otra vez me encontré luchando en contra de una figura de autoridad que restringía mi libertad. Era un tema de justicia. Y eso me hizo pensar que tal vez hubiese sido mejor estudiar leyes para tener la capacidad de afrontar tales injusticias con el arma del conocimiento.

Pero, en definitiva, las cosas suceden porque tienen una razón de suceder. Acorralado, me vi forzado a moverme para no perecer y en el proceso de tocar puertas, a través de un gran amigo de la universidad, entré en contacto con GBM (Grupo Bursátil Mexicano), una casa de bolsa boutique dedicada al mercado financiero, ofreciendo servicios de inversión, asesoría, intermediación y administración de activos. Es una empresa muy respetada en el sector y conocida por ser el semillero de mucho del talento en la industria financiera. Para muchos, GBM es el templo de las inversiones. Había encontrado mi segunda casa.

Comenzaría uno de los capítulos de mi vida de mayor aprendizaje y el que me permitiría… comenzar la revolución de la riqueza y visualizar una verdadera promesa de libertad, la libertad que tantas veces había perdido y que tanto luchaba por recuperar.

> *El dinero no da la felicidad,
> pero logra una sensación tan similar
> que solo un especialista podría distinguir
> la diferencia.*
>
> Woody Allen

CAPÍTULO 2

Dinero y estatus: los cimientos

En GBM llegaron las oportunidades y, claro, no las dejé escapar. El aprendizaje no tenía límites y yo estaba feliz de absorber como una esponja el conocimiento y toda la experiencia que me brindaba este nuevo entorno. Pude trabajar en la mesa de capitales que es el sueño de cualquier estudiante de economía, en trading, con clientes en Nueva York y más.

Y, envuelto en aquella atmósfera, muy pronto aprendí que hacían falta servicios digitales en la empresa y GBM tenía esa necesidad.

Viendo mi disposición, conocimiento y deseos de crecer, me ofrecieron trabajar en una nueva plataforma tecnológica que estaban desarrollando. Era una gran oportunidad para reivindicarme en la arena digital ante mi exjefe y exempresa, por lo cual mi motivación fue particularmente interesante. La vida siempre da revanchas. Por supuesto, acepté.

La propuesta vino del entonces Chief Financial Officer y director ejecutivo, José Antonio Salazar, quien se convertiría en uno de mis más grandes mentores en muchos sentidos, inclusive en un segundo padre para mí.

Tomé el proyecto en mis manos como si fuese un proyecto personal y, luego de meses entregado por completo a cada detalle, con otras tres personas, nació GBMhomebroker, la plataforma en línea para comprar y vender acciones de GBM.

Estaba dirigido a un nicho de inversionistas sofisticados que sabían qué comprar y qué vender. Lo lanzamos al mercado y pronto fue un éxito rotundo. Para cuando habían transcurrido apenas dos años, éramos más grandes que la plataforma AcciTrade de Accival, donde había comenzado mi aventura profesional.

Con gran regocijo recuerdo aquellos días porque, justamente cuando el éxito empezó a ser mi compañero de viaje, mi antiguo jefe en CitiBanamex, mi entonces némesis, me pidió que regresara al banco. No pude más que reír ante su propuesta y ya imaginarás cuál fue mi respuesta. Eso sí, debo agradecerle por encender mi fuego interno, ese coraje que guardo ante las figuras de autoridad, esa rebeldía que jamás he perdido y que siempre me ha llevado a un siguiente nivel en mi vida. Payback time.

A partir de ahí me dediqué a desarrollar todas las plataformas digitales de la empresa. El panorama financiero en México es uno de los retos más importantes que tiene el país. El número de cuentas de inversión apenas llegaba a las 200 mil a principios de la década del 2010. De un país de más de 120 millones de habitantes, apenas una pequeña fracción 1%, invertía, ¡qué tragedia! En países desarrollados como Estados Unidos esa cifra es mayor a 60%. Esa brecha sin lugar a dudas es uno de los mayores indicadores de bienestar. Ahí comenzó a encenderse en mí un propósito que iba mucho más allá de mí y de mi propia libertad: la libertad de todo un país. Deseaba ayudarles a todos los mexicanos a resolver esa ansiada libertad financiera que yo tanto estaba buscando. La respuesta era clara: democratizar las inversiones.

Las inversiones son la única manera realista de lograr patrimonios verdaderamente significativos. En la lista de multimillonarios de Forbes solo existen dos tipos de profesiones: empresarios e inversionistas, y los primeros lograron sus fortunas a través de lo segundo. Las inversiones siguen el concepto del interés compuesto. Esto quiere decir que los intereses que generas empiezan a generar intereses sobre los mismos intereses, haciendo que el dinero crezca en el tiempo de manera exponencial, razón por la cual empresarios como Elon Musk han podido amasar fortunas de cientos de miles de millones de dólares. Si el mismo Elon Musk tuviera que volver a juntar los casi 240 mil millones de dólares que hoy vale, y ganara un millón de dólares al día, le tomaría ¡más de 640 años! Por eso las inversiones son tan importantes, ya que es la única manera realista de lograr la libertad financiera. La revolución comenzaba a tomar forma a través de las inversiones.

Parte fundamental de este proyecto fue la primera integrante del equipo de GBMhomebroker: Isabel Rojas. Ella venía de haber trabajado un tiempo en el departamento de análisis del mismo GBM. Su corazón e ímpetu fueron un gran catalizador para el proyecto. Bien dicen que siempre es mejor emprender con un cofundador. La razón de esto es que emprender es un juego muy duro emocional y psicológicamente. Yo considero que nuestra labor creando las áreas digitales de GBM era emprender dentro de la empresa: el llamado intraemprendimiento. Isabel fue la mejor cofundadora; sin ella nada de esto hubiera sido posible.

De ese propósito nació Piggo, otra plataforma de inversión que creamos para principiantes, dirigida a personas que no tuvieran ningún conocimiento financiero. Ese producto fue una gran idea, porque si una persona tenía una meta financiera, la plataforma le indicaba cuánto dinero necesitaba ahorrar mensualmente y cómo invertirlos hasta alcanzar el monto requerido de la mano de los rendimientos generados por las inversiones. La persona podía hacerlo sin conocer el proceso. Lo único que tenía que hacer era ahorrar la cantidad fija mensual indicada por el sistema y listo. Este producto fue creación de una nueva generación de colaboradores de distintas disciplinas: diseño, comunicación, marketing, que eran ajenas al tema financiero. Recuerdo muy bien a quien llevaba el producto, Patricia Arroyo. Fue increíble ver de primera mano sus revelaciones una vez que comprendió el efecto de las inversiones en su vida. Ella, en un par de años y a sus apenas 24 años, ya tenía más patrimonio que sus padres y pronto me dijo: "Javier, necesitamos enseñarle al mundo a invertir. Este es el secreto mejor guardado". Aquí les comparto el manifiesto que escribió Paty sobre Piggo, que aún me mueve muchas emociones:

Nacimos soñadores

Somos de esos que no paramos de soñar, de los que estamos acostumbrados a que nos vean como incapaces de aterrizar y que nos echen en cara todo lo que no hemos concretado. Pero no somos soñadores de cama; somos los que sueñan conscientes, los que elegimos soñar aun cuando el miedo parece más grande. No solo somos soñadores, también somos valientes. Necesitamos serlo para seguir soñando.

Dejamos de ser los que prefieren no soñar porque es más fácil seguir la rutina, donde todos estamos atareados en nada, donde el tiempo nunca alcanza y soñar parece un desperdicio. Dejamos de ser los que piensan que soñar no va con ser adulto y los que se quedan contenidos en sí mismos para sentirse a salvo.

Como soñadores de toda la vida y adultos profesionales, sabemos que nadie vive de sueños, pero el punto no es vivir de ellos; es vivirlos, punto. Retando esa creencia dejamos de ver el dinero como un fin y lo cambiamos por un puente. El dinero tiene que ser nuestro puente, un medio que nos dé la libertad de decidir qué queremos hacer. Si el dinero no nos da libertad, entonces algo estamos haciendo mal.

Queremos recordarte algo que ya sabías: en primer lugar, ni tú ni nadie quiere dinero. En el fondo, lo que realmente perseguimos es la ilusión de lo que creemos que solo millones pueden comprar. La fantasía no son los millones en la cuenta de banco, sino el estilo de vida de completa libertad que supuestamente permiten.

Vamos a usar este puente para ir por nuestros sueños, porque nuestra vida es finita y única. Después de todo, no eres tu nombre, no

2. DINERO Y ESTATUS: LOS CIMIENTOS | 47

eres tu trabajo, ni el saldo en tu cuenta de banco, pero sí eres la suma de todo lo que has vivido y de lo que estás por vivir.

Y sí, Paty tenía razón... Esa cimentación forjó en mí un gran propósito de vida: crear libertad a través de la riqueza.

GBM continuó creciendo al punto de que empezó a incomodar a la competencia, a los incumbentes..., a los grandes bancos. Nuestras ideas revolucionarias y el éxito ante el mercado nos volvieron un tiburón que intimidaba a los demás. Pero internamente el proyecto también comenzó a llamar la atención. Todo interés siempre es bueno y malo. Lo brillante deslumbra, seduce e intimida. Comenzaron los debates y dilemas internos. El proyecto era prometedor y crecía muy rápido, pero si queríamos verdaderamente aprovechar la oportunidad debíamos de ser ágiles e invertir en él. Esta decisión no era sencilla en su momento. Se debían destinar muchos millones de dólares a las inversiones tecnológicas y, aún más complicado, se debía iniciar una transformación cultural muy profunda.

Fue ahí donde entró otro de mis grandes mentores a escena: Pedro de Garay.

Pedro llevaba ya casi una década en GBM, liderando de manera muy exitosa los hedge funds de la casa de bolsa y estando involucrado en muchos de los proyectos de innovación de la empresa. Pedro siempre se había distinguido por ser un líder visionario, fundando inclusive negocios como Siclo, la empresa de wellness, y restaurantes como el Cosme en Nueva York con socios a la altura del chef mexicano Enrique Olvera.

Pedro, a su corta edad, ya participaba en muchos de los consejos directivos de la empresa y siempre vio con buenos ojos los proyectos digitales y el impacto que estos podían tener en el bienestar de México. GBM es una empresa que siempre se ha comprometido con el crecimiento y bienestar del país; una empresa que busca a través de las inversiones situar a México en lo más alto, en el lugar que siempre hemos merecido; una empresa que con el tiempo también ha sido la casa donde apuestan los inversionistas. Pedro siempre vio ese futuro y, por lo mismo, fue un gran promotor del proyecto. Pedro se comenzó a involucrar de manera formal en el año 2015; su visión, creatividad, empuje y liderazgo fueron claves para lograr el éxito del proyecto.

Los retos internos persistieron y el alcance de los proyectos digitales y la transformación digital continuaron su marcha. La justicia y la libertad son aguas difíciles de navegar, pero con esfuerzo siempre se puede llegar a buen puerto. Desde siempre, dentro de la empresa, una frase que me definió fue la siguiente: "Las cosas tienen que ser creídas para ser vistas". Ese mantra me hacía saber que, creyendo, todo era posible.

Con ello, nuevos desafíos y oportunidades emergieron. Gracias a los resultados y empuje que había demostrado, me eligieron para llevar a cabo la transformación del negocio de Asset Management. En 2016 me nombraron director general de GBM Administradora de Activos. Con tan solo 31 años estaba a cargo de una empresa pública, regulada, de más de 250 personas y de un negocio que administraba más de 100 mil millones de pesos.

Esta experiencia me permitió descubrir en mi propia piel que el dinero hace más dinero y que, a través de la inversión, el interés compuesto y el largo plazo, esa acumulación de dinero se traduce en libertad financiera. Allí estaba yo, a mi joven edad y en lo más alto… descubriendo una verdad a voces que no todos son capaces de materializar.

En el papel la ecuación era sencilla. La visión de la digitalización de la empresa y de los proyectos hacía todo el sentido desde el punto de vista racional y estratégico, pero la realidad interna era distinta. Aquí comencé a comprender muchos de los sesgos y creencias limitantes que tenemos como seres humanos. El temor a lo nuevo, a lo desconocido, al cambio, es real y es muy poderoso. El miedo es un móvil que mueve paredes o, como fue en este caso, las perpetúa. Lo primero que me encontré internamente fue una pared de rechazo ante el cambio. Los colegas y colaboradores tenían mucho miedo y desconfianza. El

2. DINERO Y ESTATUS: LOS CIMIENTOS | 49

cambio no da miedo porque el futuro pueda ser distinto; da miedo porque el pasado deja de existir. Por eso genera incertidumbre y por eso es tan difícil cambiar para cualquier persona. Estas creencias limitantes nos inhiben de ser nuestras mejores versiones y nos paralizan ante eventos inciertos. Qué gran paradoja, si lo único que tenemos seguro es la muerte y a veces el miedo de vivirla y correr riesgos nos inhibe justamente de la vida. ¡Qué tragedia!

El trabajo en los primeros seis meses fue muy desgastante emocionalmente. Mucha gente salió y mantener el ánimo fue un reto, pero pronto pudimos demostrar a los colaboradores que el cambio era no solo bueno, sino necesario. Con ello también llegaron los resultados de la empresa, y la digitalización y transformación continuó con su rumbo. Fue un gran proyecto y, gracias al esfuerzo de un considerable grupo de líderes dentro de la empresa, pudimos integrarlo bajo el ala digital que sería la punta de lanza de GBM. Todo este esfuerzo no hubiera sido posible sin un buen amigo y compañero en esta aventura: Herminio Padruno, quien tuvo el valor, el corazón y el liderazgo para comandar a un gran grupo de colaboradores en esta misión.

Los retos siempre están presentes. Heráclito tenía razón: nadie cruza el mismo río dos veces, ya que ni el río ni la persona vuelven a ser los mismos. Más retos llegaron y los afronté sabiendo que me guiarían a mi destino, que haría camino al andar. Expandí mis horizontes, comencé a estudiar el MBA (Master in Business Administration) en el IPADE Business School, aceleré mi proceso de aprendizaje, crecí mi círculo social y, con ello, amplié también mi perspectiva y experiencia.

Me apasioné profundamente en resolver el problema de la libertad financiera. Comprendí que las fuerzas de mercado, la tecnología y las dinámicas sociales habían limitado financieramente a las personas en México y en general en toda la región de Latinoamérica. Por un lado, los costos asociados a ofrecer servicios financieros han caído drásticamente con los avances tecnológicos. Hoy en día, a través de las plataformas digitales, el costo marginal de atender a un usuario adicional es básicamente cero, por lo que pensaríamos que la inclusión financiera sería ubicua y absoluta, pero la realidad es muy distinta.

Los otros dos temas, las fuerzas de mercado y las dinámicas sociales, son factores determinantes. Por un lado, la cultura en México tiene dos rasgos muy interesantes. Primero, la religión católica cristiana es predominante en nuestro país, religión que tiene como parte de su dogma un sentido de vergüenza y culpa frente al dinero, con lo cual este tema se ha convertido en un gran tabú que nos ha afectado profundamente. Lo que es tabú por definición es inefable y, con ello, difícil de normalizar dentro de una sociedad. Esa relación con el objeto del dinero por parte de toda una sociedad nos ha afectado profundamente y ha restringido nuestras posibilidades. Ya hablaremos con mucha más profundidad sobre el tema psicológico detrás del dinero y de la relación, consciente e inconsciente, que tenemos con este concepto.

Segundo y no menos importante, somos una cultura conquistada. Nos guste o no, esa es nuestra realidad y este profundo trauma social vive tatuado dentro de nuestra existencia. Por esta razón vivimos con un miedo especial que nos hace temerosos ante el entorno, miedo que nos hace adversos al riesgo y a las circunstancias, desconfiados de nuestro alrededor y de nosotros mismos. El dinero representa un sentido de profunda certeza y confianza. Esta relación ambivalente crea un coctel perfecto para la pobre realidad financiera que hoy vivimos.

Encima de todo esto, el elefante en escena es la educación financiera. Es increíble que no se hable sobre educación financiera en la escuela. Pero es imperdonable que no se hable de estos temas en los posgrados. Es una verdadera desgracia. Por suerte, hoy los canales digitales son ubicuos y pronto tendremos una proliferación de educadores financieros en redes sociales y medios de comunicación digital, como mis queridos amigos Caro y JuanPa de Mis propias finanzas.

Las fuerzas de mercado son muy poderosas. Michael Porter escribe extensamente sobre ellas; Charlie Munger también hablaba

2. DINERO Y ESTATUS: LOS CIMIENTOS | 51

famosamente sobre los incentivos. Ambos tenían razón, estas fuerzas ocultas mueven al mundo. La estructura del mercado financiero mexicano tiene un grave problema: es un oligopolio. Los tres mayores bancos del país controlan más de 60% de los clientes, y entre los siete primeros más de 90%. Existe un grave conflicto de interés en los servicios que ofrecen, ya que sus clientes son el objeto de su servicio, pero también su mayor centro de costos. ¿Cómo podrías servir de la mejor manera a un cliente con esta dicotomía? ¿Cómo poner al cliente primero, cuando la rentabilidad del banco va en sentido opuesto?

Nada más BBVA México, en 2023, representó cerca del 40% de las ventas de BBVA y 67% de las utilidades de todo el grupo a nivel mundial. Es una máquina de hacer dinero. Y la razón principal por la cual hacen dinero es que el negocio de los bancos es captar dinero barato y después prestarlo caro.

Mientras escribo este libro, en 2024, las tasas de interés en México del banco central (Banxico) están al 11%. BBVA, que es por mucho el banco más grande del país, tiene una tasa de fondeo de menos de la mitad libre de riesgo. Es decir, BBVA se fondea al 5% cuando la tasa está al 11% y eso lo puede hacer porque más del 50% de su fondeo es de cuentas de sus clientes a la vista, lo que quiere decir que les pagan a los ahorradores básicamente 0%. Si BBVA decidiera educar financieramente a sus clientes, estarían encareciendo su tasa de fondeo. Pequeño conflicto de interés. Según datos de la Comisión Nacional Bancaria y de Valores (CNBV), al 2024 hay en México cerca de 5 billones de pesos en cuentas a la vista que son cerca de 250 mil millones de dólares. Esta cifra supera inclusive las reservas internacionales del país. Si ese dinero estuviera invertido en Cetes al 11% se estarían generando más de 27 mil millones de dólares de intereses, lo cual representa casi 7 mil pesos por adulto al año.

La gente piensa que el dinero que deposita en el banco es de ellos mismos, pero no es cierto. Al depositar el dinero, este se va al balance del banco y esa pequeña diferencia de comprensión es abismal. Al estar el dinero dentro del balance del banco, el banco lo puede prestar sin previo aviso, y sí, en efecto, tiene riesgo. Tanto en México como en países desarrollados los bancos han quebrado y con ello se han llevado a sus clientes e inversionistas entre las patas. Tal es el caso del Silicon Valley Bank en Estados Unidos y Banco FAMSA en México que se declararon en quiebra hace apenas unos años. ¿Y qué sucede con la gente que ahorró en esas entidades bancarias?

Pues algunos perdieron mucho dinero. Los bancos tienen un seguro bancario; en México está gestionado por el IPAB y asciende a 300 mil UDIS que son poco más de 2 millones de pesos. En Estados Unidos el monto cubierto son cerca de 250 mil dólares.

Los bancos han generado muchísima inequidad e injusticia, sumiendo a la sociedad en el oscurantismo de la ignorancia financiera que han perpetuado en el tiempo. Nadie les ha puesto límites y eso le hace un gran daño al país.

En GBM no teníamos ese conflicto de interés. A diferencia de los bancos, en las casas de bolsa no se puede "captar" dinero, solo se puede invertir. Este pequeño detalle hace toda la diferencia. Las casas de bolsa custodian el dinero; eso quiere decir que el dinero de sus clientes no está en el balance de la institución, sino que más bien está en una cuenta de custodia, en una especie de bóveda donde ellos cuidan de los activos, pero siempre estando a nombre y en el balance de sus clientes. Por esta razón el dinero en las casas de bolsa tiene un menor riesgo, ya que estas empresas solo lo pueden "cuidar", no lo pueden "prestar".

El poder que los grandes bancos tienen sobre el sistema financiero es muy palpable. Muchas de las leyes, las regulaciones y las reglas del sistema existen para defender el statu quo. Al final del día, si bien la regulación está diseñada para los ahorradores, también es una gran barrera de entrada. Esa misma regulación que buscaba cuidar los intereses de los pequeños ahorradores estaba limitando la inclusión financiera. Peor aún, estaba perpetuando la ignorancia en la materia. El país necesitaba una revolución financiera que ayudara a más personas a tener más opciones, más libertad.

2. DINERO Y ESTATUS: LOS CIMIENTOS | 53

Nuevamente la tecnología nos abría las posibilidades. Muchos de los impedimentos de la regulación para la inclusión financiera venían por sus criterios de apertura de cuentas. Este punto era crítico, ya que solo se podían abrir cuentas en lugares "físicos". Esto limitaba completamente las posibilidades de cualquier nuevo jugador, ya que necesitabas sucursales por todo el país y por lo mismo hacía que abrir una cuenta fuera muy caro para cualquier empresa financiera. A través de los teléfonos inteligentes y de los medios digitales, todos teníamos ya desde hace una década las herramientas necesarias para tener banca digital y así certificar la identidad de cada persona a través de la tecnología.

Por ello, en 2016, con varios emprendedores del sector fintech en México, nos dimos a la tarea de apoyar al entonces gobierno a través de la Secretaría de Hacienda, liderada por Luis Videgaray, a redactar la Ley Fintech. Esta ley fue muy transformadora para el sector financiero y un gran cimiento para el futuro crecimiento de la inclusión financiera en México. Tuve el honor de participar en este proyecto, de ser parte de esta iniciativa que se presentó en Palacio Nacional ante la presidencia y de ser miembro del Grupo de Innovación Financiera de la Secretaría de Hacienda y Crédito Público por más de cinco años. Siempre me han gustado las revoluciones y la libertad no tiene límites.

Esta ley es una legislación que regula los servicios financieros que prestan las instituciones de tecnología financiera, como las plataformas crowdfunding, los fondos de pago electrónico y las operaciones con activos virtuales. Fue promulgada con el objetivo de fomentar la inclusión y la innovación financiera, la competencia, la protección al consumidor, la estabilidad financiera y la prevención de operaciones ilícitas. Establece los requisitos y las facultades de las autoridades financieras para supervisar y sancionar a las entidades que ofrecen o realizan estos servicios por medios innovadores.

Una vez superado el camino de piedras lleno de obstáculos y afrontando nuevos paradigmas de pensamiento, mi situación financiera estaba cada vez mejor. Mi profecía se estaba cumpliendo: sería exitoso, sería un gran financiero y, sobre todo, sería rico y, por ende…, libre. Estaba ganando el juego que creía era el más importante, el juego que me habían dicho me generaría felicidad. Estaba ganando un buen sueldo, también poder y estatus, siendo director general de una empresa con cientos de personas a mi cargo. Todo eso nutría muchísimo mi cartera, pero también nutría mi ego, que poco a poco iba tomando más relevancia en mi ser.

En GBM teníamos planes de grandeza. Queríamos democratizar las inversiones en todo México, por lo cual el proyecto digital se convirtió en el caballo de batalla de la empresa. Regresé al corporativo ahora como Chief Strategy Officer con la misión de transformar la cultura y habilitar la tecnología en toda la empresa. Desde nuestro pequeño campo de acción fuimos permeando, como gotas de agua que en caída perpetua son capaces de abrirse paso aun en el concreto. Ya no se trataba de ayudar a los grandes para cosechar más patrimonio, sino que nos estábamos convirtiendo en una empresa cuya misión social se dirigía a masificar las inversiones en todo México.

La suerte es un factor determinante en el rumbo del mundo. La suerte se da cuando la oportunidad se encuentra con la preparación. Así fue para nosotros en GBM el 2020. La pandemia global, esa gran tragedia, se convirtió en una oportunidad para todas las empresas que habíamos invertido en el futuro, en la digitalización. Ese fue un año que vino a trastocar las dinámicas del planeta. La pandemia se extendió hasta el más recóndito lugar, provocando millones de muertes, confinamientos, crisis económica y social. La gente tuvo que adaptarse a una nueva realidad, donde el contacto físico estaba limitado y el distanciamiento social era obligatorio.

En medio de la adversidad, el sector digital se fortaleció y ofreció soluciones para mantener la comunicación, el trabajo, la educación y el entretenimiento. Las plataformas digitales facilitaron el acceso a la información, colaboración, creatividad, solidaridad y más. El COVID-19 cambió el mundo, pero también nos adelantó varias décadas hacia el futuro y demostró el potencial de la tecnología para superar los desafíos.

En esa aceleración del ámbito digital, las cuentas de inversión se fueron al cielo, porque la gente, desde el confinamiento de sus casas y con tiempo de sobra, consideraba este medio como una forma de incrementar su patrimonio en medio de la crisis mundial. Tenían el tiempo para estudiar, comprender y actuar. No les quedó de otra más que valerse por sí mismos y, dentro de esta nueva realidad, las inversiones eran una gran opción. Tuvo que llegar una pandemia para confrontar a las personas y a la sociedad sobre su futuro financiero y hacerlos responsables de su propio destino. Así son las tragedias, siempre son los mayores momentos de oportunidad y de transformación.

Siendo ese el punto de inflexión y a través del esfuerzo de todo GBM, pasamos de tener 250 mil cuentas en 2019 a tener 4 millones de cuentas después de la pandemia.

Hoy GBM tiene cerca de 8 millones de cuentas, cuando en 2019 la base de usuarios que invertían en casa de bolsa o que invertían en el país totalizaba apenas 250 mil personas. A través de GBM hoy México invierte y es para mí un gran orgullo haber sido parte importante de este hito en la historia de nuestro país.

Tales resultados captaron la atención de grandes inversionistas institucionales, entre ellos SoftBank. El fondo de inversiones más grande del mundo quería invertir en una empresa donde pudieran dominar el landscape de inversiones retail. Dicho modelo había sido replicado en otros países con mucho éxito. El caso más famoso se dio en Brasil, donde la empresa XP Investimentos, se convirtió en el modelo de negocio referente de toda la región.

Querían aplicar la misma fórmula en México y GBM era el candidato perfecto. Recuerdo muy bien, justo en medio de la pandemia, recibir un mensaje muy particular de uno de los gestores de fondos de venture capital más distinguidos de México, diciéndome que Juan Frank me quería conocer. Pronto acepté la presentación con mucha curiosidad… ¿Por qué me estaría buscando el máximo responsable de SoftBank en el país? Tal vez quería ofrecerme trabajo, pensé… O tal vez quería consultar algo sobre el mercado conmigo… La realidad es que quería conocer de primera mano el proyecto digital de GBM y creía que yo era la persona indicada para brindarle esa perspectiva.

El acercamiento generó también interés en GBM. Los líderes del proyecto, directores y socios veían con buenos ojos una potencial colaboración con un socio estratégico del tamaño e importancia de SoftBank, por lo que iniciamos conversaciones de manera formal. En esa misma dirección nos buscaron un par de empresas interesadas en explorar una potencial inversión en GBM, con lo cual se comenzó un proceso formal de banca de inversión para encontrar al socio ideal. Nos tomó casi un año llevar a cabo todo el proceso, finalmente llegaron las ofertas de los interesados, siendo SoftBank quien realizó la mejor propuesta, la cual, luego de ser considerada, se aceptó por parte del consejo de administración de GBM. SoftBank se comprometió a invertir más de 150 millones de dólares a una valuación superior a los mil millones de dólares, convirtiendo a GBM en un unicornio y sobre todo dándole una ventaja competitiva muy relevante contra sus competidores.

En ese punto, yo solo podía visualizar una consolidada carrera en GBM como si fuera algo así como el Nelson Mandela de la democratización de las inversiones en todo un país. Era increíble, me sentía en las nubes, aunque, sin saberlo, estaba viviendo una trampa de mi ego. Creí ser el dueño del mundo, mientras la vida me tenía preparadas "grandes sorpresas". Este hito me puso en otra esfera en el mundo corporativo y me abrió las puertas a nuevas oportunidades. Después de más de una década en GBM, estaba visualizando el fin de una era. Considerando la posibilidad de irme, mi mente empezó a diseñar mi nuevo gran paso, sin saber que en realidad estaba preparando mi más grande lección.

> *Los nuevos comienzos a menudo se disfrazan de finales dolorosos.*
>
> Lao Tse

CAPÍTULO 3

Los tres minutos que cambiaron mi vida

En 2012, una innovación financiera peculiar que resonaba con fuerza atrajo por completo mi atención. Se trataba de Bitcoin, una red financiera autónoma de activos digitales en la *web*. A primera vista me pareció un mundo nuevo totalmente anárquico, cosa que encajaba a la perfección con mi naturaleza rebelde y aventurera de ir a contracorriente ante las élites dominantes del mundo. Pero jamás imaginé que ese concepto fuera a transformar por completo mi propia historia. El gran mecanismo tenía ocultos planes para mí.

Poco tiempo después se dio la casualidad de conocer al equipo fundador de Bitso. A principios del 2014, conocí a Pablo González en un *hackathon*. Hasta entonces, no había servicios en México de compraventa de activos digitales, y Pablo y el equipo de Bitso querían ser los primeros en ofrecer este producto. Yo había comprado mis primeros bitcoins en 2013 a un precio cercano a los 70 dólares a través de Coinbase en Estados Unidos, ya que en el país no había opciones. Por lo mismo nos hicimos buenos amigos, fui de los primeros clientes de Bitso y juntos formamos parte de la comitiva que ayudó a lanzar la Ley Fintech en el país. Pronto conocería a Daniel Vogel, quien tomaría las riendas de Bitso unos años más tarde. Daniel se convirtió en alguien cercano, me invitó a invertir en Bitso y creamos una buena amistad.

Mientras los resultados obtenidos en GBM eran prueba de mi crecimiento y capacidad, la visión de Bitso iba más allá de México. La empresa quería ser una plataforma regional y ofrecer sus servicios en todo Latinoamérica. Entonces, en 2018 Daniel me invitó a formar parte del equipo como director general de la empresa en México. Su oferta era tentadora y estaba muy alineada con mi visión y propósito de utilizar la tecnología para democratizar las finanzas, pero en ese momento aún no terminaba mi misión en GBM y yo tenía tan bien puesta la camisa que no consideraba estar en ninguna otra empresa.

Daniel comprendió mis razones para no aceptar la propuesta, pero me invitó a vincularme con Bitso desde un entorno distinto. Confiaba que volveríamos a coincidir y tuvo paciencia para que así fuera. En el 2021 Bitso estaba más fuerte que nunca y en pleno ascenso de los mercados financieros les llegó una oferta que valuaba a la empresa en más de ¡2 mil millones de dólares!

Yo, por mi parte, desde el momento en que compré mi primer Bitcoin en 2013, nunca más volví a ver el dinero de la misma forma. El concepto detrás de los *blockchains* y la descentralización de las finanzas me cautivaron para siempre. Esta tecnología era la respuesta al problema que tanto daño nos estaba haciendo: la centralización del dinero, los conflictos de interés, los cotos de poder y la falta de acceso a herramientas financieras que tanto estaba limitando las posibilidades y las opciones de las personas. Era como si me hubiera tomado la "píldora roja" en *The Matrix*. Para mí, la vida nunca volvió a ser la misma.

Desde ese momento, invertí miles de horas en comprender esta tecnología y las implicaciones que podía tener en la sociedad. Con ello mi convicción por este activo naciente fue tomando más y más fuerza. Compré Ethers, los activos de Ethereum, en cerca de 4 dólares en 2014 y lo demás fue historia. La ola y la súbita subida de los criptoactivos hicieron que mi patrimonio creciera de manera exponencial. Pero, como en toda historia, no hay ganancia sin un duro proceso de aprendizaje y de dolor, porque somos tanto el mármol como el escultor.

Bitcoin ha pasado por múltiples ciclos de volatilidad extrema, en donde su precio ha fluctuado de manera estrepitosa. Ver tu patrimonio colapsar más de 90% es un verdadero suplicio, un juego apto solo para amantes del riesgo y gente con piel de acero. No creo poseer ninguna de estas características específicamente, pero con el tiempo había comprendido algunos conceptos fundamentales en GBM, como la asimetría, que me ayudaron a navegar por estas aguas turbulentas. Mi convicción y resiliencia tuvieron grandes frutos. Hoy estos activos me han generado la mayor parte de mi patrimonio financiero. En ese momento, mi interés más que nunca estaba detrás de esta tecnología prometedora. Este fue el factor desencadenante de lo que vino después.

Fue en 2021, poco antes de la ronda de inversión liderada por Tiger Global, que Daniel me volvió a hablar para hacerme de nuevo una propuesta formal para unirme al equipo de Bitso, solo que esta vez venía acompañada de una muy atractiva posición como Chief Product and Growth Officer para liderar los productos y expansión internacional, así como una oferta económica irrechazable que básicamente incrementaba cuatro veces mi salario en GBM, incluyendo un porcentaje en acciones.

Con todo y la gran oferta que tenía en la mesa, la decisión fue muy difícil. No es tan fácil dejar todo atrás, pero la propuesta llegó en ese momento justo en el que mi vida clamaba por un rumbo distinto, y mi intuición me dijo que era el momento correcto para dar el salto, por lo que tomé la decisión de aceptar la propuesta de Daniel…, aunque tenía que cerrar página antes de abrir una nueva.

El momento del lado de GBM no era el ideal. Estábamos en medio del proceso de *Due Diligence* por parte de SoftBank para cerrar finalmente la inversión. Por esta razón le pedí a Daniel extender el periodo de entrada a Bitso lo más que pudiera, pero él mismo necesitaba ayuda a la brevedad posible y los nuevos inversionistas le habían pedido a Daniel reforzar el equipo directivo inmediatamente. Acordamos la fecha del 17 de mayo como día de entrada, lo cual daba algo de tiempo para cerrar el proceso con SoftBank y no poner en peligro la inversión. Por lo sensible de la situación, decidí no comentar nada con el equipo directivo de GBM, ya que no quería que ellos tuvieran un potencial conflicto de interés en el proceso. Desafortunadamente el proyecto no avanzó al ritmo que hubiera esperado y llegó el día crítico, un 3 de mayo, dos semanas antes del 17, un día que nunca olvidaré.

Ese ha sido uno de los días más difíciles de mi vida. Tuve que hablar con mis jefes, mentores, amigos y colegas de GBM para darles la noticia. Esta los tomó por sorpresa y, por ello, la respuesta y situación fueron muy complicadas para todos. Las siguientes dos semanas fueron difíciles y muy emotivas, sobre todo con mi equipo de trabajo, pues había gente muy cercana con la cual forjé sólidos lazos. El desenlace no fue sencillo, hubo mucha tristeza, puntos de vista distintos; pero yo en mi corazón sentía que estaba haciendo lo correcto. Sentía que debía dar el siguiente paso, seguir luchando por la libertad. Lo tenía que hacer desde otra arena, desde otra plataforma que me permitiera hacerlo sin fronteras y con una tecnología revolucionaria. Por ello eché la mirada al frente para visualizar mi futuro al mismo tiempo que daba por finalizada mi etapa en GBM tras 11 años de aprendizaje, experiencias y entrega. Era mi llamado y no podía rechazarlo.

Aún recuerdo esa súbita transición como si fuera ayer. Mi último día en GBM fue un viernes 14 de mayo. Ese mismo sábado 15 decidí correr una competencia de relevos de 120 kilómetros llamada "Sal a Valle" con un grupo de amigos, una carrera bastante bestial, para luego integrarme a Bitso el lunes 17 de mayo. Esto era simplemente un reflejo de lo que en ese momento era mi vida, siempre corriendo y viviendo de forma muy intensa. No me tomé ni un día de descanso, después de

3. LOS TRES MINUTOS QUE CAMBIARON MI VIDA | 65

más de 11 años de trabajo, en los que, por cierto, nunca me tomé un día por enfermedad o por sentirme mal. Llevé mi cuerpo, mente, emociones y espíritu al límite, y después de correr una competencia brutal, entré a Bitso, mi nuevo gran reto profesional.

Por si fuera poco, ese mismo 17 de mayo se estrenaba el primer episodio de mi *podcast Rockstars del dinero*. Todo confluía en un mismo momento, como si fuese el sueño de una película de Disney. El principio contenía las mieles de una historia que tendría todos los elementos de una gran película que estaba por cocinarse. La comunicación y las historias siempre han jugado un rol predominante en mi vida. Fue gracias a mi gran amigo Oso Trava que me animé a comenzar el *podcast* y a tener más presencia en medios digitales. Doy gracias a Oso que me inspiró y animó, a Maite Valverde que tuvo la idea del proyecto y a Gero Ávila que me invitó a ser parte de la red de Sonoro, una de las plataformas de medios y audio más grandes de Latinoamérica.

Los primeros días en Bitso fueron grandiosos; la recepción de todo el equipo fue genial. Se sentía un ambiente muy especial y había mucho entusiasmo con mi llegada. Creo que mucho de este sentimiento también era un reflejo de la emoción que yo mismo experimentaba al unirme a este proyecto con el que sentía tanta afinidad.

La regionalización era el objetivo, pero yo pensaba que también su extensión podía ser mundial. En definitiva, ese ambiente libre de limitaciones hacía bullir mis ideas y creo que esa era la cultura ideal. Fue una etapa muy interesante que buscaba replicar el modelo mexicano a nivel regional. Tanto fue el alcance de la tecnología de Bitcoin que el gobierno de El Salvador la nombró moneda de curso legal, y yo, con el equipo de Bitso, tuve el privilegio de trabajar para implementar ese hito que estoy seguro marcará un antes y un después en la historia de la humanidad. Entonces, pensando en las posibilidades futuras, empecé a trabajar con mucha pasión y más motivado que nunca.

Al principio, Bitso resultó ser todo un mundo a descubrir repleto de retos, porque el ambiente de trabajo era virtual. Yo estaba en Miami, Daniel en Brasil y el resto del equipo en distintas partes del globo;

como dato curioso, Nigeria era el 5° país con más colaboradores de Bitso. Había personas en cerca de 70 países, con todo tipo de culturas y hasta de husos horarios. Más pronto que tarde, descubrí que ese ambiente de trabajo remoto, al mismo tiempo, estaba cargado de complejidades. Yo soy una persona íntima, cercana, extrovertida, que se maneja mejor con el contacto personal. Pero siendo el nuevo jefe, con responsabilidades y sueldo por encima de otros colaboradores de alto rango que ya llevaban un buen tiempo en la empresa, no fui muy bien recibido.

Pronto comenzó a llegar el golpe de realidad y las cosas se empezaron a tornar grises. La situación dentro de la empresa era compleja; como en cualquier *startup* en esa fase de crecimiento, había mucho trabajo por hacer. Muy pronto comenzaron a emerger los problemas y retos. La empresa y el liderazgo del equipo estaban en plena transformación. Pablo González, quien había sido el primer CEO y fundador de la empresa, estaba en su periodo de transición como directivo de la empresa y yo estaba asumiendo muchas de sus responsabilidades. Al igual que Pablo, había toda una camada de primeros colaboradores de Bitso que habían dejado todo en la cancha para que la empresa tuviera éxito en sus primeros años de operación, quienes habían llevado a la empresa de ser una idea a ser un unicornio, del punto A al punto B, pero difícilmente la iban a llevar del punto B al punto C. Se necesita un set de *skills* muy distintos para los diferentes momentos de una empresa. Daniel lo sabía y por eso estaba buscando a gente de fuera para que le ayudáramos a llevar a cabo esa misión.

Mi ímpetu y entusiasmo inicial me inclinaron a tomar mucha más responsabilidad de la que debía de tomar en su momento. Me comprometí a llevar las riendas de todas las líneas de negocio, así como el liderazgo de la expansión internacional y de los países. Pequé de optimista y me eché demasiado al hombro. La situación con el equipo que estaba a mi mando era especialmente complicada, ya que había un par de personas que habían esperado recibir una promoción que les hubiera dado mi cargo dentro de la empresa. La falta de comuni-

3. LOS TRES MINUTOS QUE CAMBIARON MI VIDA | 67

cación y alineación interna empezó a generar muchas fricciones que se fueron acrecentando con el tiempo. Las diferencias y la resistencia eran cada vez más evidentes, y se me pidió valorar a estas personas ya que habían sido fundamentales para llevar a Bitso al lugar en donde estaba y había mucho aprecio, cariño y agradecimiento hacia ellos. Esto básicamente me ató de manos y mandó un mensaje muy claro a la organización, acotando mucho mi margen de maniobra. *Strike* uno.

La molestia por los beneficios de mi contratación, sumada a la distancia geográfica, derivó en una situación que me fue muy difícil de manejar. Mi vida ordenada se vio trastocada. Yo venía de una cultura *top-down* en GBM con mucha fuerza del liderazgo de la empresa, y aquí era *bottom-up,* una cultura más participativa de toda la empresa. Muchas de las herramientas que me sirvieron para escalar en el negocio anterior, aquí, significaban una amenaza. Aprendí que no hay culturas mejores o peores, solo hay culturas distintas. Y pues, claro, yo empecé a tomar decisiones que había concebido y que funcionaron en GBM, pero aquí todo era muy diferente. La gente se manifestaba con fuerza y encontré oposición. Sentía que remaba a contracorriente porque no contaba con la aprobación de mi propio equipo de trabajo. Y una de mis mayores debilidades, mi talón de Aquiles, es que tengo necesidad de reconocimiento, lo cual me hace muy vulnerable, derivado de mis traumas del pasado. El niño que siempre se rebeló contra figuras de autoridad ahora estaba recibiendo un buen trago de la misma amarga medicina que yo mismo había aplicado por mucho tiempo en los demás. ¡La vida es tan sabia!

Pero, por otro lado, una de las cosas que siempre me ha distinguido es mi resiliencia. No me rindo y trato de no vincular las emociones en el ámbito laboral, aunque a veces es difícil contener muchas situaciones porque las emociones generalmente son una respuesta instintiva a un estímulo.

Poco después llegó al equipo un gran ejecutivo de alto renombre que había trabajado en muchas de las grandes empresas de tecnología globales. Este directivo, con mucho colmillo y experiencia, llegó a darme una gran lección profesional dentro del mundo corporativo: la política es el nombre del juego. Su estrategia fue pulcra, como de libro de texto, retomando muchas de las enseñanzas de los grandes guerreros, como el famoso divide y conquistarás. Su primera acción fue correr visiblemente a una de las cabezas de los países; de esta manera estaba mandando un mensaje claro y contundente. Como Al Pacino en la película de *El Padrino*, había mandado la cabeza decapitada del caballo como muestra de su poder y su carácter. De la noche a la mañana toda la organización le temía. Aprendí muchísimo de este personaje, cosas grandiosas que hacía de forma sublime y muchos otros aprendizajes que más bien no quería repetir. Cada uno de nosotros tenía visiones distintas de cómo comprender el mundo y eso también, con el tiempo, fue cada vez más evidente. Literalmente, él estaba a la derecha de Daniel, y yo, a la izquierda, con puntos de vista totalmente opuestos. Ese espacio de oposición fue el caldo de cultivo para una batalla campal de poder y ego que no tenía forma de ganar.

Esto me lleva a recordar otro momento de mi infancia que tengo muy marcado. Tenía tal vez unos 10 u 11 años, no recuerdo exactamente. Pero tengo muy presente la profunda desilusión y tristeza que sentí dentro de mí. Estaba viendo la televisión y apareció en las noticias información sobre una guerra. No podía concebir en mi mente que alguien quisiera hacer daño y tuviera dolo. Ese día comencé a perder la inocencia; me di cuenta de que el mundo allá afuera era un ambiente peligroso en donde la gente buscaba hacer daño. Ese mismo sentimiento regresó a mí al observar a esta persona operar, como Maquiavelo, buscando siempre el fin sin importar los medios, buscando poder e influencia de manera sigilosa y estratégica. Un viejo lobo de mar. Del otro lado, estaba un ingenuo entusiasta, y yo caí redondito. Pequé nuevamente y caí en sus garras. *Strike* dos.

Otro de los temas que generaba mucha animadversión dentro del equipo era mi vida pública y la influencia que tenía en medios digitales. Había mucho celo y ego al respecto; no se podía conciliar el carisma y la conexión que yo generaba con la gente hacia afuera de la

3. LOS TRES MINUTOS QUE CAMBIARON MI VIDA | 69

empresa. Un par de directivos me pidieron explícitamente que suspendiera mi *podcast* y mis actividades en redes sociales. A mí me parecía completamente absurda esa petición. La influencia y comunicación que estaba y estoy generando no tienen más que un solo propósito: crear libertad a través de la riqueza. Ayudar a generar alfabetización financiera, crear contenido que ayude a las personas a tomar mejores decisiones financieras, es una causa muy noble que estaba perfectamente alineada a los intereses de Bitso, pero no todos lo veían de la misma manera…

El desequilibrio que me producía la desarmonía, mis constantes viajes de negocios, incontables encontronazos con los colaboradores y la ansiedad de pensar que me iban a correr de un momento a otro me impedían conciliar el sueño.

Yo en la cima de mi carrera, habiendo conquistado todo, habiendo generado dinero para encontrar mi libertad, tal y como me lo prometí, me sentía menos libre que nunca, me sentía esclavo de mi identidad y de la necesidad de reconocimiento y acumulación de dinero que yo mismo había generado, creyendo que eso era la tierra prometida. La realidad era todo lo contrario; me sentía miserable. Bebía alcohol y tomaba pastillas todas las noches para conciliar el sueño y no sucumbir ante la presión, literalmente para sobrevivir a la prisión que yo mismo había construido.

Sin controlar nada en mi entorno, empecé a repetir patrones de mi papá. Mi estilo de vida ya mostraba signos de un evidente deterioro que rozaba la decadencia. El alcohol era mi antídoto. La desconexión con mi familia, con mi esposa y con mis hijos y amigos eran mi mecanismo de defensa ante una hostilidad de la vida que no me esperaba y que me rehusaba a aceptar. Sin embargo, la vida no esperaba mi aprobación para ponerme frente a una de las lecciones más grandes que he experimentado hasta ahora y que sería el punto de inflexión en mi camino.

En medio de todo el caos y la hostilidad que yo sentía en mi día a día, tuve que hacer un viaje a Europa para negociar un asunto regulatorio de vital importancia para la empresa. Después volé a Madrid en compañía de dos directores importantes de la empresa. Al terminar la ajetreada agenda del día, entré en mi habitación dispuesto a descansar cuando recibí un mensaje de Daniel en el que me decía que debíamos hablar. Mi corazón latía con más fuerza que de costumbre y sentía una gran presión en el pecho. Mi intuición sabía lo que venía, pero mi mente se resistía a reconocerlo.

A los pocos minutos nos conectamos por Zoom y de inmediato escuché las palabras:

—Esta será una conversación difícil.

Pensé: "Pues ahí viene". No dije una sola palabra, simplemente me dediqué a escuchar.

—Flaco, creo que tenemos que tomar caminos distintos —añadió. Y un silencio absoluto se sembró en la incipiente conversación.

Imaginé que me derrumbaría ante la noticia, pero mi cuerpo me hizo entender que no sería así. Era todo lo contrario. Llevaba tres días sintiendo un profundo dolor en el pecho casi como si alguien me lo apretara con tal fuerza que me dificultaba la respiración, el tipo de dolor que la gente manifiesta antes de sufrir un infarto. Tal vez eso pudo resultar en una tragedia, pero, en el instante que pronunció esa frase, el dolor se fue por completo. Sentí una liberación profunda, como si hubiera soltado todo el peso acumulado por meses de presión y estrés. Todo desapareció de manera inmediata.

Lo peor del caso fue que salí a los 11 meses de haber entrado a la empresa. Me fui sin una sola acción de las que me habían ofrecido en mi paquete de compensación, ya que estas propuestas están generalmente condicionadas a cumplir por lo menos 12 meses en la empresa. El 80% de mi compensación eran acciones, por lo que salí inclusive perdiendo y dejando una parte muy importante de lo que yo consideraba mi patrimonio en la mesa. Faltaban un par de semanas para lograr el hito y me fui sin un quinto. Nuevamente la vida me jugaba una carta sorpresiva, ¿una nueva injusticia? ¿Por qué me estaba sucediendo todo esto? O, más bien, ¿para qué?

Aun así, en la conversación con Daniel no exigí nada. Probablemente pude haber negociado algo, pero en ese momento no tenía ni las ganas ni la energía para pelear un solo segundo más. ¿Qué hubiera pasado de haber negociado? No lo sé... A menudo lo pienso. Pero mi corazón estaba tranquilo, y yo con eso lo estaba también. Además, en ese momento no podía más que sentir empatía por Daniel. Sabía lo difícil que esto estaba siendo para él; se veía claramente alterado y triste. Imagínate correr a un amigo, a alguien a quien convenciste de dejar un trabajo de más de 11 años. Al final todos hacemos lo que podemos y hacemos nuestro mejor esfuerzo. Yo solo pensaba en la ausencia de dolor. Así que no hubo confrontación; mucho menos, pelea. En el fondo solo quería que todo terminara.

La conversación duró escasos tres minutos, pero todas las palabras necesarias se dijeron y ahí se acabó ese gran episodio. Aún hoy conservo invaluables recuerdos de mi relación con Daniel, le tengo mucho agradecimiento por invitarme a su proyecto de vida y regalarme su tiempo, y creo que hizo lo que tenía que hacer..., aunque por los meses que siguieron me costó trabajo aceptarlo.

Viendo las cosas en perspectiva, no culpo a Daniel. Yo probablemente hubiera hecho algo similar. Se dio el coctel perfecto, y la dirección de la decisión probablemente era necesaria. Yo cometí muchos errores, la empresa estaba pasando por un mal momento y se necesitaba un chivo expiatorio. *Strike* tres.

La cueva a la que temes entrar esconde el tesoro que tanto buscas.

Joseph Campbell

CAPÍTULO 4

El viaje hacia dentro de la cueva

Después del golpe de adrenalina y del mágico alivio del dolor en el pecho, mi primer instinto fue marcarle a mi esposa y al escuchar su voz al otro lado sentí una profunda paz. Le comenté lo sucedido y en respuesta empezó a llorar, pero no era de tristeza, sino de felicidad, y con las palabras "qué bueno que se acabó este suplicio; es lo mejor que nos ha pasado en la vida", me hizo entender que de verdad todo estaba bien y también lo estaría en el futuro. Ella mejor que nadie sabía lo difícil que había sido para mí sortear esta etapa de mi vida profesional.

Aunque no hablo mucho de mi esposa ni de nuestra relación por siempre guardar mi vida personal en el ámbito privado, creo importante y congruente decir que ella y mis hijos son las personas más importantes en mi vida. Ella ha estado conmigo en las buenas, en las malas, en las peores. Dicen por ahí que la única gente que necesitas a tu lado es la que cree en ti, y ella… cree en mí, con mis locuras e ideas brillantes, mis momentos oscuros y de claridad. Agradezco a la vida por colocarla en mi camino como mi compañera de viaje; sin duda,estar con ella ha sido mi mejor decisión.

Al recordar esa llamada se me pone la piel chinita y se me corta la voz porque ese momento lleno de tanto amor me sigue despertando mucha emoción.

Tampoco olvidaré las palabras de mi gran amigo Pablo Sánchez Serrano luego de darle esta noticia: "Hermano, yo no te quiero por ser director de Bitso. Yo te quiero por ser Javier". Amistades y relaciones como la que tengo con Pablo son la clave del éxito y la felicidad en la vida. Doy gracias al universo porque puedo contar con gente tan humana a mi alrededor que me ayuda a ver lo que por momentos es invisible. Sin saberlo, las palabras de Pablo vislumbraban lo que sería mi siguiente capítulo, una etapa de profunda reconexión conmigo.

Desde el 2021 hasta mediados de 2022, tan solo 11 meses habían transcurrido desde que comencé a trabajar en Bitso, pero pareció muchísimo más tiempo. Con un ritmo de esa naturaleza no hubiese podido sortear mucho tiempo más, así que esta experiencia en su totalidad fue el detonante para la profunda y real transformación que vendría en mi vida.

Había conseguido el éxito, el reconocimiento y el dinero..., todo lo que me prometí, pero no había conseguido lo más importante: la libertad que tanto buscaba.

El mayor problema fue que hasta ese punto de mi vida jamás entendí su verdadero significado. Sin embargo, la vida tenía otros planes para mí. El gran mecanismo me iba a poner contra las cuerdas para ayudarme a entender la lección y descifrar lo que la verdadera libertad significa.

Era viernes el día que recibí la noticia. Tomé el vuelo transatlántico de vuelta a casa y las horas de silencio en el avión se convirtieron en un espacio para la paz, una sensación muy rara en mi cuerpo porque por mucho tiempo había sido privada de ella. Podrías pensar que los siguientes días estarían destinados a la reflexión o, quizá, a mirar en retrospectiva aspectos que pude mejorar durante esta última etapa de mi vida profesional, pero no fue así.

Ese mismo fin de semana, ya era una noticia a voces mi ruptura con Bitso y, como si fuese un jugador de fútbol que pasó al estatus de

4. EL VIAJE HACIA DENTRO DE LA CUEVA | 77

agente libre, múltiples empresas me hablaron interesadas en contratarme. Tan es así que el siguiente martes ya estaba tomando un vuelo a Ciudad de México para entrevistarme con varias de ellas. Ni siquiera me detuve a vivir el duelo de la separación, porque mi ansiedad y dependencia por la ambición, el éxito y el reconocimiento estaban en su máximo nivel. Mi existencia era explicada por mi identidad profesional y tal era esa codependencia con el trabajo que yo estaba perfilado a seguir mi vida de la única forma que conocía. Nada más que ahora buscaba cambiarme la cachucha porque estaba totalmente sumergido en estado de negación. Para mí en ese entonces "todo era culpa de Bitso". Yo hice todo bien y se cometió una gran injusticia, que estaba dispuesto a vengar.

Sumergido en esa loca vorágine, nuevamente tuve la divina intervención de mi amigo Pablo, que me dijo:

—Güey, ¿qué haces? Llevas trabajando como desquiciado 17 años, te corren y te vas a buscar chamba al instante. No puede ser que tu ansiedad no te permita estar desempleado al menos una semana. Aprovecha, este es un tiempo para revalorar tu vida en todas las dimensiones.

Tenía razón, la ansiedad de sentirme que no era esa persona que había construido en mi imaginación me controlaba. Sus palabras empezaron a permear en mí, pero aún no lo suficiente como para seguir su consejo inmediatamente, así que seguí en mi búsqueda de empleo, pero su mensaje se adueñó de mí. Me sembró duda e hizo esta búsqueda mucho más compleja y retadora de lo que ya era. El maestro solo aparece cuando el alumno está preparado y todavía no estaba preparado, aunque estaba a punto de estarlo.

Mi única validación en la vida era la identidad que yo había generado de ser un profesionista y directivo exitoso. Fuera de esa posición, de esa identidad, no valía nada para mí. En esos momentos post Bitso, hasta me daba pena ver a mis amigos, pensando que yo era menos persona que ellos ya que estaba desempleado. No era consciente de que me estaba enfrentando a una nueva crisis existencial. De allí que mi salida de Bitso representaba un rompimiento muy relevante, porque la verdad es que nunca hubiera renunciado, a pesar de que el estrés fuera insostenible; no estaba en mi ADN. Es más, por los siguientes tres meses no hablé con nadie del equipo directivo de Bitso. A pesar de que intentaron contactarme para saber cómo estaba, sentía que mi silencio decía más que expresar mis sentimientos en ese periodo de transición. Pero eso sucedió después.

Durante las semanas siguientes tuve varios viajes a México, en donde tuve muchas pláticas confidenciales con empresarios y emprendedores con el objetivo de sumarme al equipo del mejor postor y así mantener mi estabilidad laboral y mi identidad, pero en el fondo lo único que hacía era luchar contra la ansiedad que me carcomía por dentro, necesitaba —eso pensé— relanzarme al estrellato. Sentirme bajo los reflectores de tantas empresas era el parche perfecto que reforzaba lo que en ese momento estaba roto: mi ego.

Las conversaciones me hicieron sentir en dualidad. Por un lado, sentía un gran freno de mano emocional que me gritaba que parara, por el otro, la ambición se apoderaba de mí mientras intentaba negociar la propuesta más conveniente para buscar redimirme en la arena profesional. Yo era una torre de naipes sobre arena frente a una tormenta repleta de pensamientos fugaces que taladraban sin piedad mi cabeza. Me preguntaba si regresar al mismo estado de ser un directivo en una de estas empresas donde iba a trabajar por mi libertad financiera 24 horas al día era lo que realmente quería en mi vida. ¿Era ese el camino a la libertad?

Esos viajes me hicieron confrontar a todos mis demonios y eso… me colocó en una posición de completa vulnerabilidad, porque pensaba que lo que había querido toda mi vida era lo que seguía queriendo, pero una parte de mí gritaba que deseaba algo distinto. ¡Me estaba volviendo loco! Caí en una profunda depresión debido a esta dicotomía que estaba atravesando. ¿Por qué esas ideas no me dejaban avanzar con naturalidad? ¿Por qué me estaba cuestionando algo que había sido tan natural para mí? ¿Qué me querían decir la vida, mi intuición

4. EL VIAJE HACIA DENTRO DE LA CUEVA | 79

y mi espíritu? Tal distorsión de pensamientos conflictuó hasta la más pequeña partícula de mi cuerpo. Y como quien no espera nada, pero al mismo tiempo lo espera todo, la respuesta que tanto ansiaba se presentó en la forma menos esperada.

De regreso a Miami con la cabeza hecha un revoltijo, un buen amigo me habló, como si el destino estuviese jugando sus piezas. Al cabo de un rato de conversación desahogándole mis preocupaciones me dijo: "Oye, Javier, tienes que ir a hacer ayahuasca. Te va a cambiar la vida".

El término no me era desconocido. Tiempo atrás, llevado por la curiosidad, me documenté sobre el tema. Había escuchado sobre eso por primera vez gracias a Tim Ferris y había leído el libro de Michael Pollan, titulado *Cómo cambiar tu mente*, que me ayudó a comprender que tal vez habría respuestas en estos procesos con plantas de poder. La ayahuasca es una bebida sagrada que se prepara con dos plantas de la selva amazónica: la liana *Banisteriopsis caapi* y las hojas de *Psychotria viridis*. Los chamanes indígenas la usan desde hace milenios para curar, sanar y comunicarse con el medio espiritual. Según leí entonces, quienes la toman experimentan una profunda transformación interior, acompañada de visiones, revelaciones y sensaciones intensas. La ayahuasca es una medicina ancestral que requiere cuidado, guía y respeto. Y precisamente por sus propiedades siempre he sentido respeto por este tipo de sustancias, pero, pensando en que tal vez podría aclarar la tormenta de ideas que batallaba en mi cabeza, acepté la invitación de mi amigo para ir a Perú y vivir la experiencia en carne propia.

Pautado el viaje para finales de ese mismo mes, en paralelo se presentaron tres ofertas laborales muy sólidas. Ante la bifurcación con dos posibles caminos, podrías suponer que dejé el viaje de lado para zambullirme en el trabajo, que era el camino en el que siempre había conducido de acuerdo a mi naturaleza, pero no... Mi intuición susurraba al oído, hasta silenciar al resto de las voces, que debía explorar esa nueva alternativa. Ella sabía mejor que yo que necesitaba darle un vuelco a mi vida y... la escuché.

Dejé esas propuestas sobre la mesa y me comuniqué con las personas que las enviaron. Les expliqué que tenía un viaje planificado y pedí una prórroga de 15 días; regresando les daría una respuesta. Aceptada mi solicitud, dejé en pausa las ofertas mientras me iba a un viaje que cambiaría mi vida.

Y, tal como había sido planeado, a los pocos días, con otro de mis grandes amigos de la vida, Luis Adame, inicié el viaje que se prolongaría por una semana y cuyo objetivo perseguía tres intenciones concretas que había definido con un terapeuta previo al viaje.

Mi primera intención era redescubrirme, a mí y a mi esencia. Yo sentía que había perdido la brújula de quien realmente era y de lo que verdaderamente me hacía feliz de manera genuina más allá de los bienes materiales. Deseaba de verdad reencontrarme con mi niño interno.

Con la segunda intención pretendía descubrir qué seguía para mí. Y en ese contexto lo representaban las tres ofertas laborales que esperaban en la mesa de mi casa. Quería tener la certeza de cuál aceptar.

Y la tercera tenía como propósito un enfoque diferente. Se trataba de contemplar y disfrutar la experiencia sin que mi mente racional la condicionara, y explorar los sinfines de estos estados alterados de consciencia.

El viaje consistía en estar durante una semana en el Valle Sagrado de Perú, donde realizaríamos tres ceremonias de ayahuasca, guiadas por un grupo de facilitadores expertos en la materia y de muchísima confianza. Serían personas extremadamente amorosas y conscientes que me darían uno de los mayores regalos de mi vida. Estas experiencias y procesos son muy delicados y requieren de un análisis médico previo; estas sustancias son muy poderosas y no son para todos. También se requiere de un análisis riguroso de los facilitadores, así como de un proceso psicológico exhaustivo de preparación de cada persona. La experiencia con estas plantas medicinales es algo que considero verdaderamente inefable. Creo que es difícil de explicar ya que solo se puede comprender lo que realmente sucede al experimentarlo, pero haré mi mejor esfuerzo por describirlo.

Sentir la ayahuasca es como entrar en un sueño lúcido, donde todo lo que ves y oyes tiene un significado profundo. Es una sensación de conexión con la naturaleza, con uno mismo y con lo divino. Al mismo tiempo, es un viaje por las sombras de tu alma, donde enfrentas tus miedos, traumas y heridas. Es una experiencia que te sacude, te despierta y te renueva. Es una oportunidad de sanar, aprender y crecer. Y para mí fue una oportunidad para reencontrarme con el todo en mi interior.

Mi amigo Alan Abruch, quien es experto en neurociencias, me compartió la manera en la que él comprende lo que sucede en nuestro cerebro al ingerir estas sustancias. Dice que la neuroplasticidad que sucede entre las neuronas al hacer sinapsis cuando aprendemos algo se vuelve muy sólida, generando conexiones que se van reforzando en el tiempo y determinan todo nuestro sistema *default*, nuestra personalidad, creencias, psique, etc. Lo que sucede al ingerir estas sustancias es que esas conexiones neuronales que están solidificadas y que generan estos patrones, se borran por completo. Con esto, los condicionamientos con los que has crecido se eliminan y entonces puedes ver la realidad sin los lentes del pasado. Es por ello que muchas veces hacen referencia a la disolución del ego al entrar a estos estados alterados de consciencia, porque literalmente eso es lo que sucede. El lóbulo frontal, el neocórtex, se baja por completo y te permite ver la realidad sin los sesgos y traumas del pasado.

Son experiencias tremendamente poderosas que te hacen cuestionar fuertemente la realidad. Para mí sin lugar a dudas hubo un antes y un después de esta experiencia. Además, yo nunca había consumido sustancia alguna por el miedo a repetir las adicciones de mi padre, y menos de ese calibre, así que, cuando la primera ceremonia se llevó a cabo, sentí mucha preocupación. Cada persona esperaba escuchar su nombre de la boca del chamán, quien entregaba un vasito que contenía la cocción. Cuando llegó mi turno, hice lo propio y bebí el contenido del pequeño vaso. Pasados aproximadamente 10 minutos empecé a sentir los efectos. Me sentí mareado y mi cabeza empezó a dar vueltas. Con esas sensaciones daba inicio al viaje de introspección.

Un cosquilleo empezó a recorrerme de pies a cabeza. Quise abrir los ojos, escapar del trance y huir, pero era imposible y la ansiedad por resistirme ante la realidad me llegó en forma de ataque de pánico. Una fuerza que no puedo expresar me impedía escapar. Mi mente trataba de racionalizar, pero era imposible. Algo me empujaba a un desconocido espacio sin tiempo. No hay forma lógica de explicarlo. Entonces, y después de mucho tiempo de sufrimiento, no tuve opción alguna más que rendirme. Simplemente sucumbí al viaje dejándome llevar fuera del cuadro rojo que me confinaba al mundo racional. Superado el umbral del miedo me convertí en observador de mi propia vida. Fui capaz de ver gente cercana que había muerto, pude verme en momentos felices y momentos difíciles de mi vida. Pude ver mi vida en tercera persona.

Había caminado por la vida huyendo de mí, convencido de que el dinero y el trabajo eran mi mejor refugio y mi única misión. Pero en ese momento, eterno desde mi propia concepción, una voz me hablaba desde lo más profundo de mi ser: era mi propia alma que me mostraba todo lo que había ignorado, todo lo que había reprimido, todo lo que había negado. Me mostraba mi verdadera esencia, mi verdadera luz.

Siempre me había contado la historia de tener una infancia difícil porque no tenía un papá, y durante ese viaje a mi ser interior descubrí que no tuve una infancia difícil. Tuve una infancia diferente, pero llena de amor. Tuve una infancia en una casa chiquita con una madre que actuaba como madre y padre, un hermano tremendamente amoroso e incondicional, una sociedad que nos juzgaba por nuestras diferencias y no por nuestras capacidades, pero una infancia llena de felicidad y llena de amor.

Esta experiencia me hizo resignificar absolutamente todo, porque me di cuenta de que el que estaba causando todo ese drama, todo ese dolor, todo ese sufrimiento y todo ese miedo… era yo. Era mi

4. EL VIAJE HACIA DENTRO DE LA CUEVA | 83

máscara de la ambición, que "tanto" me había dado y que "tanto" me había quitado. La única manera en la que podía trabajar tantas horas al borde del infarto y aguantar todo lo que pasaba a mi alrededor era manteniendo al dolor como mi motor, esa armadura que solo yo había creado para no parar, para reponerme en un mundo que me había abandonado y para demostrar mi valía en este plano de existencia.

Esta es la historia que llevaba contándome por más de 30 años, con el peso, además, de una maleta que cargaba llena de dolor, de injusticias, de incomprensiones, y me di cuenta de que todo..., absolutamente todo..., era falso. Me había inventado esa historia en la cabeza y en torno a ella construí mi mundo, un mundo en el que vivía prisionero de mí mismo.

La figura de omnipotencia en la que me había convertido —según mi cabeza— se desvanecía a pedazos frente a mí, dejando un corazón desnudo y libre.

Fue una revelación que me sacudió por completo porque me hizo sentir lleno de amor: un amor que había estado esperando ser liberado, un amor que había estado anhelando ser compartido, un amor que había estado buscando ser recordado, un amor que deseaba ser vivido. Sentí una emoción tan intensa que me desbordaba el cuerpo; una emoción que me hizo llorar, reír y agradecer al mismo tiempo. Sentí que renacía..., que me transformaba..., que me curaba. Sentí que por fin me encontraba y, por fin... podía ser feliz.

Después de más de seis intensas horas de viaje, que parecieron días dentro del mismo, habiendo pasado el efecto psicodélico regresé al "mundo real". En plena madrugada, al regresar a mi cuarto, mi mente no dejaba de girar y no pude más que tomar mi libreta y comenzar a escribir todas las reflexiones que había tenido en el viaje.

Al día siguiente, formamos un círculo de palabra con los demás integrantes del grupo para compartir nuestras experiencias e ir integrando reflexiones. Increíblemente muchos de los integrantes coincidimos en la experiencia, como si de manera mágica todos hubiéramos participado en las experiencias de los demás. Durante esa integración nuestros guías y maestros nos platicaron un poco de sus propias reflexiones y filosofías de vida. Nunca olvidaré una frase de mi querida Lupita, la guía espiritual que me guiaba en ese momento:

"Si tan solo los cuervos supieran que donde ven espantapájaros es porque está lleno de comida... No le huyas al miedo, no le huyas al dolor. Detrás del miedo está el regalo".

Esa frase expresa que como seres humanos estamos condicionados a alejarnos del dolor y del miedo. Ese instinto viene de nuestro cerebro biológico de hace cientos de miles de años. Existe ya que, cuando un tigre nos atacaba hace milenos, si no aprendíamos a tenerle miedo y no echábamos a correr a tiempo, el tigre nos mataba casi sin lugar a dudas. Y esa es la evidencia de que el instinto de supervivencia, arraigado desde tiempos ancestrales, nos aleja del peligro. Pero, en el mundo moderno, muchos de estos traumas no son cuestiones de vida o muerte. Son eventos muy íntimos que nos suceden y cuya reacción emocional se queda plasmada dentro de nosotros dejando heridas emocionales muy profundas en nuestro inconsciente. Hoy en día nuestros traumas son nuestro peor enemigo. Lo que nos inhibe de conocer esos traumas desde nuestro inconsciente, de contemplarlos y tener más consciencia, es que sentimos miedo.

El secreto está en observar con curiosidad el miedo. En vez de tener miedo al miedo, deberíamos sentir curiosidad por el temor, para que, cuando nuestro sistema alerte su presencia, podamos escuchar, sentir, entender y estar más reflexivos sobre nuestros traumas y heridas del pasado.

Parece paradójico, pero solo a través de la oscuridad es que puedes ver la luz. La catarsis y el caos de enfrentarme a mis demonios, de observar uno a uno al miedo, de morir y resucitar, de abrirme al universo para ver..., realmente ver con claridad, como nunca y sentir la paz total, fue el regalo que recibí aquel día, un regalo que ocupa un lugar muy especial en el centro de mi corazón.

4. EL VIAJE HACIA DENTRO DE LA CUEVA | 85

Esa primera sesión fue la mayor experiencia de iluminación que nunca había tenido. Cambió por completo mi percepción de la realidad y la visión de mi mundo interior.

Para cuando me enfrenté a la segunda ceremonia me sentía más preparado, pero también inquieto por descubrir lo que me depararía la experiencia. Desde una percepción meramente teórica y racional, pretendía obtener indicios de qué camino seguir en el futuro, basándome en la claridad obtenida el día anterior.

Tomé la ayahuasca y de repente comencé nuevamente el viaje. Mi tranquilidad desapareció en un segundo. Era como si la luz se esfumara dando paso al caos. La entropía era total. Me sentí muy mareado y desconcertado. Toda la claridad que había presenciado en la primera ceremonia había desaparecido por completo. El caos era tal que no podía siquiera contener mi propio cuerpo, sudaba sin parar y tenía el estómago completamente revuelto. Nuevamente comencé a sentir mucha ansiedad y los ataques de pánico no dejaban de llegar. Algo muy dentro de mí me lanzó una daga fulminante. Escuché el mensaje: "Javier, si estás listo para saber qué sigue en tu vida, ten la fuerza para entrar más adentro. Ve al espantapájaros. Ahí encontrarás tu respuesta".

Y así de manera mágica tuve mi respuesta. Por más que el dolor era extenuante, algo dentro de mí me obligó a ir al espantapájaros. Sabía que la prueba de fuego era ir por mi segunda toma de ayahuasca, y que con ello llegaría a la respuesta que tanto estaba buscando. Intenté levantarme para tomar un poco más como lo determinaba el mensaje, pero la fuerza de gravedad y mi estado físico me hacían permanecer pegado al suelo, aunque no de forma natural. Mis extremidades no respondían a las órdenes que mi cerebro se encargaba de enviarles. Era como si mi cuerpo fuese un cúmulo de sólidas rocas negándose por completo al libre movimiento. Con la escasa fuerza que me quedaba, luché, arrastrándome hasta llegar a la ayahuasca. Y en eso, sentí un llamado que me alejó de la atención corpórea.

No sé qué fue aquello. Yo no creía en estas fuerzas místicas y esotéricas, y ahora no sé lo que creo, pero algo mágico sucedió en ese momento. En ese instante me perdí en el tiempo sin tiempo, desapareció mi cuerpo, entré en otra dimensión y fui guiado —no puede ser diferente— hacia mi pasado por la historia de mi vida. Aún hoy escribiendo estas líneas se me pone la piel chinita y mi corazón late con fuerza al recordarlo.

Empecé a ver muchas imágenes, no tan placenteras, de mi infancia, imágenes que conocía y mantengo muy grabadas como si las llevara tatuadas en la piel.

Tenía apenas dos años. Tomado del barandal bajaba las escaleras de mi casa en Cancún. Unos gritos desviaron mi atención en su dirección. Y ahí estaban mis padres: mi papá le pegaba a mi mamá. Dije: "Esto ya lo conozco. Esto ya lo he visto. Aquí tiene que haber algo más profundo". La frase no había salido por completo de mis labios —o más bien de mi mente, no lo sé con certeza— cuando me transporté a los ojos de mi papá. Empecé a ver a mi mamá a través de sus ojos. Al siguiente instante, veía a mi papá a través de los ojos de mi mamá. "Pues aquí estoy. Ya lo sé. ¿Qué más hay que no esté viendo?" "¿Hay algo que pasó, que no entiendo, que no he comprendido que debo sanar?" Nada. No obtenía nada de aquella escena, no existían respuestas.

Y de ahí me transporté al panteón donde se encuentra enterrado mi papá. "¿Qué quiere decir esto? ¿Qué es lo que tengo que hacer? ¿Qué me está diciendo la ayahuasca?" Llegaban las preguntas, atropellándose, mientras intentaba hallar las respuestas. "¿Tengo que perdonarlo? ¿Tengo que ir a su tumba a perdonarlo?" Nada. No había respuestas.

Y de repente, súbitamente, una imagen circuló por mi mente como si fuese una radiante estrella fugaz, una luz muy poderosa y un sentimiento totalmente avasallador de amor puro. Experimenté cuando era un bebé. Tenía tres, quizás cuatro meses, y mi papá me sostenía entre sus brazos. La brisa arreciaba, las estrellas desde el firmamento nos veían con curiosidad y el olor a mar me hizo percatarme de que estábamos en su velero. Eran visiones, sensaciones y recuerdos de

4. EL VIAJE HACIA DENTRO DE LA CUEVA | 87

muchísimo amor y lo entendí; después de tantos años de terapia... finalmente lo entendí.

Tantos años en terapia, tanto trabajo, tanto sufrimiento, tanto desvarío, tanto aprendizaje, y finalmente lo entendí todo.

Yo había bloqueado y rechazado a mi padre como un mecanismo de defensa, alejándolo y repudiándolo, porque lo que no podía concebir era una vida sin su amor.

Ese amor tan puro y eterno que solo un padre le puede tener a su hijo. Ese amor genuino y verdadero que solo un bebé puede presenciar. Esa pureza que está firmada con sangre en la existencia del universo. Era tan fuerte ese amor que solo a través de un dolor igual de poderoso se podía contener luego de la gran tragedia de su abandono y eventual muerte. La incomprensión total del dolor ante la falta del amor de mi padre me había trastocado al punto de poner literalmente mi vida en riesgo al buscar estos estímulos externos que casi acabaron conmigo.

Lo más poderoso de este ejercicio es que no es un ejercicio teórico como muchas veces son las terapias. Aquí nadie te lo cuenta; al vivirlo, es innegable. Todo eran sentimientos. Y ese amor no era mi amor hacia él; era su amor hacia mí. Ese descubrimiento le daba sentido a toda mi existencia. De verdad, no hay manera humana de explicar lo que significó esa revelación en mi vida. Lo significó todo. Una vez comprendido este mensaje a través de ese gran recuerdo, navegué por un espacio de varias horas el viaje con mi padre. Fue el gran reencuentro que llevaba toda la vida esperando, y ahí, sin poderlo explicar racionalmente, estaba mi padre.

No hay manera de describirlo. Me di cuenta de la realidad. A nivel esencial los dos éramos muy parecidos: personas emocionales; aunque yo intentaba mantenerlo bloqueado. Pero toda la vida luché por ser su opuesto. Él era muy filosófico, espiritual, bohemio, un artista y fotógrafo. Yo me convertí en financiero. Él no tenía dinero, yo tenía mucho. A él le gustaba disfrutar la vida, yo trabajaba y sacrificaba mucho. Yo he crecido culpando, rechazando, repudiando a mi papá por habernos dejado, con un sentido de juicio profundo, pensando que me abandonó porque no me quería. Todo eso era una mentira absoluta. Él me amaba con todo su corazón, siempre lo había hecho y en ese momento lo recordé.

Envuelto en ese ambiente de muchísimo amor, comprendí que he culpado, juzgado y criticado a una persona que ni siquiera conozco, porque desde entonces había rechazado a toda su familia y no los había visto por más de 20 años.

Esa resignificación del verdadero sentido que tiene él para mí me reconectó internamente con mi espíritu y también me reconfiguró neurológicamente. Tenía totalmente bloqueado el instinto paternal porque asociaba el ser paterno con ser malo, con abandonar, con lastimar. Y ese hecho trascendió hasta mi propia familia. Esta experiencia me hizo consciente del hecho inconsciente que estaba manifestando en mi propia casa con mi gente más amada y cercana.

De manera inconsciente me la vivía viajando y fuera de mi casa pues no quería construir lazos fuertes con mis propios hijos porque no quería que pasaran por lo que yo pasé, si el día de mañana hacía falta y me perdían. Siempre había subsanado sus necesidades económicas, pero sin conectarme porque no quería exponerlos a sufrir lo que yo sufrí. Descubrí que las secuelas de este trauma se extendían aún más lejos. Me había restringido de construir lazos afectivos sólidos. No me lo permitía porque no quería volver a sufrir una pérdida como la que sufrí con mi papá.

El problema era que yo no entendía que las causas de mi dolor no eran el odio ni el rechazo; esas simplemente eran las manifestaciones de los mecanismos de defensa. No eran la causa sino la consecuencia. El rechazo y muchos de los sentimientos que manifestaba eran un mecanismo de defensa para sobrevivir a una persona que amé con todo mi corazón y que se fue. No lo veía desde hace 30 años y ese tiempo que pasé en este efímero viaje con él fue el mayor regalo. Hoy sé que no odio a mi papá, ni lo rechazo. Simplemente, lo extraño.

4. EL VIAJE HACIA DENTRO DE LA CUEVA | 89

Sumido en esta reflexión, un claro mensaje llegó a mí: "No necesitas dinero, no necesitas elegir un siguiente trabajo, ni redimirte profesionalmente. Necesitas parar, necesitas sanar, necesitas reconectarte contigo, necesitas invertir en ti. Ya deja de crear hacia afuera. Tienes que crear hacia adentro. Necesitas crear riqueza en ti".

De esta sesión salí reconectado. Algo dentro de mí se reprogramó profundamente. Desperté sabiendo que podría ser mejor padre para mis hijos, que entregarme por completo no me causaría dolor ni sufrimiento. Ya no tenía miedo de expresarles mi amor ni de recibirlo. Ansiaba verlos y vivir…, vivir siendo parte integral de sus vidas. Quería conectar profundamente con ellos y gozarlos en su máxima expresión. Qué tragedia y profunda paradoja estaba viviendo… El miedo que sentía me inhibía del amor más grande de la vida, el milagro de la paternidad. Por ahí dicen que la vida es tan riesgosa que lo único seguro es la muerte. ¡Qué tragedia para los que la desaprovechamos por miedo a vivirla!

Al día siguiente, en el círculo de integración con los demás participantes del grupo, compartí mi experiencia y todos se pararon para abrazarme. Sentí el amor desinteresado de gente que no conocía y ese momento lo guardo muy cerca de mi corazón.

Cada ceremonia me ofreció una experiencia totalmente nueva, rompiendo las barreras de lo imaginable, y la tercera no fue diferente. El inicio en sí guardó similitud con las dos ceremonias anteriores, pero a medida que me dejaba llevar el recorrido adquirió sus propios matices distintivos.

Siendo de día, el contexto cambiaba mucho. Mi intención era conexión y contemplación, pero la verdad es que me golpeó durísimo. Como ráfagas que iban y venían, vi muchas representaciones de la muerte. Veía gente cercana muerta. Me vi muerto. Sentí muchísimo miedo. Y nuevamente, cuando tuve el valor de enfrentar el miedo y atravesar los cadáveres en mi camino, comencé a ver la luz. Este fue un viaje muy bonito con mi hija Lucila. Creo que ella es la que tiene más necesidad de conexión conmigo de mis tres hijos y la que más resentía ese distanciamiento inconsciente de mi parte.

La vi creciendo. La vi casándose y nos vi bailando juntos en su boda. Fue una gran ceremonia. A través de la experiencia entendí que me necesitaba mucho más presente emocionalmente.

Fue increíble. A través de resignificar, de empezar a sanar ese vínculo con mi papá, pude resignificar y sanar vínculos con la gente a mi alrededor, empezando por mis hijos. Desde ahí, creo que nunca había tenido una conexión tan fuerte ellos... El día que regresé a casa, Lucila fue la primera en ir a abrazarme profundamente. Algo cambió energéticamente en esa ceremonia que nos unió de por vida. Aún me gana la emoción al recordar ese momento.

Cerré el ciclo ese día. También pude contemplar la naturaleza en toda su expresión, sentir una conexión muy importante con el universo y ayudar a otras personas que en ese momento tenían una ceremonia difícil. Estuve con ellos. Fue gratificante el dar, sobre todo para mí, que siempre había sido una persona muy egocéntrica con una gran necesidad de acumular: dinero, reconocimiento y éxito.

Para mí las ceremonias tuvieron mucho de mágico y mucho de real. Bajaba muchísima información de todo tipo y con gran claridad. Cada mensaje me fue transmitido con mucho cariño, con mucho amor, pero también con mucha firmeza. Me sentí como apapachado, guiado en todo el trayecto, enfrentado a mí mismo y a una realidad que no había querido aceptar, pero que, cuando lo hice, me reveló que tenía que hacer las paces conmigo para llegar al siguiente nivel de mi propio camino.

Me fue revelado lo que tenía que hacer y me di cuenta de que no tenía que hacer nada profesionalmente. Lo que tenía que hacer era sanar. Era reconectarme conmigo, con mi familia: con mi familia paterna, con mi familia materna, con mi familia nuclear. Yo estaba pensando en otras cosas, cuando lo más importante de mi ser, que era yo mismo, no lo tenía. Si no tenemos esa base, no tenemos nada. Si no somos, somos nada. ¿Para qué estamos construyendo todo eso? Si no hay fondo, nada tiene significado. Es puro dolor. Ese fue mi gran punto de inflexión.

Ahí empezó un nuevo camino para mí, sin máscaras, renacido de las cenizas como el ave fénix, y las propuestas de trabajo y cuentas pendientes... ya no las necesité. Nunca más las volví a necesitar.

Sanar no es cambiar quién eres, sino enfrentar lo que estás destinado ser.

Deepak Chopra

CAPÍTULO 5

Sanar también es riqueza

L a vida adquirió sentido para mí. Me replanteé el concepto de lo que significa la verdadera riqueza y lo que quería que fuese mi camino profesional.

Les comuniqué a las empresas que necesitaba un mes más antes de darles una respuesta. Dos de ellas no pudieron esperar ese plazo y eso fue mejor. Es más, considero que fue un examen de la vida que aprobé, porque no sentí que estaba perdiendo algo o dejando pasar una gran oportunidad. El Javier de antes, el que alimentaba su ego, se hubiese vuelto loco nada más pensando en la posibilidad, pero esta nueva versión de mí ya no.

Tenía muy clara la decisión.

Durante una de las ceremonias de ayahuasca me vi en un lugar con paisajes increíbles, colores vibrantes, aromas exóticos y sonidos mágicos. Esas imágenes en mi cabeza eran de la India y en específico de uno de sus dioses principales: Ganesha. Al ver esos escenarios me sentí libre y en paz. No había dudas de que tenía que ir hasta allá. Quería seguir explorando mi mundo interior y la India representaba una condición necesaria de la ecuación. Pero ese redescubrimiento con altos matices de sanación también implicaba una reconexión que había guardado debajo de mi tapete mental y en ese momento estaba dispuesto a enfrentarla. No podía llenar mi vasija personal sin antes vaciarla por completo y eso implicaba ser parte de la familia de mi papá. Antes de pintar las paredes, hay que limpiar las tuberías.

El futuro inmediato estaba decidido. Me iría una semana a Cancún a reconectar con mi padre, y luego tres semanas a la India, yo solo, para experimentar en solitud mi propia realidad e integrar lo vivido. Soy una persona que cree en los contrastes y que le gusta vivir con intensidad. De allí que, si trabajo, me entrego por completo al mundo laboral, y si descanso, también lo hago por completo, hasta explorar mi lado más profundo. Así entiendo la vida y la vivo en consecuencia.

Viajé a la India por primera vez. Nunca en mis 37 años había viajado solo. Puede sonar ridículo, pero nunca lo había hecho y, para mí, toda nueva experiencia tiene su mérito. Fui a un lugar donde podría pasar todo o nada, sin expectativas de qué esperar, pero sí dispuesto a recibir todo lo que el universo había preparado para mí. Me salí totalmente de mi zona de confort y fui dispuesto a cuestionar mi verdadero ser, mi verdadera autenticidad sin los estigmas de la sociedad a mi alrededor, sin moldes y en un país totalmente distinto, con una manera de pensar distinta, con toda una mística fascinante y muy diferente a lo que conocemos en Occidente.

En el pasado había leído un poco de Osho, el maestro espiritual que causó revuelo en Occidente en la década de 1990. Frente a esta nueva dinámica de redescubrimiento, sentía atracción por sus enseñanzas y decidí conocer su Ashram, un lugar donde podría practicar su filosofía, descubrirme y crecer sin ser influenciado por nadie y sin la presión de mi propio entorno. Por tres extraordinarias semanas y alejado de todo lo que había conocido en mi vida, contemplé la realidad desde otra perspectiva.

Al llegar al Ashram me sorprendí del ambiente que se respiraba. Había cientos de personas de diferentes países, edades y culturas,

5. SANAR TAMBIÉN ES RIQUEZA | 97

que vestían de color guinda, el color de la transformación. Todos estaban haciendo su propio trabajo, te saludaban en silencio con una sonrisa, y algunos de ellos se llamaban entre sí por sus nuevos nombres, que habían recibido al iniciarse en el Sannyas, el camino del buscador. Me sentí acogido y aceptado. La convivencia se dio con naturalidad y confianza. Compartí muchas de sus experiencias, aprendizajes, alegrías y sueños.

Cada día participé en sesiones de meditación que se prolongaban por espacios de 14 a 16 horas. Consistían en técnicas activas y dinámicas que combinan el movimiento, el baile, la música, el canto, el silencio y la celebración. Dejándome llevar por la energía de aquel lugar, experimenté sensaciones nuevas y profundas. A veces lloraba, reía, gritaba o me quedaba en paz. Otras veces, sentía que me conectaba con mi ser interior y con el todo. Liberaba mis tensiones, miedos, culpas y condicionamientos. Me sentía inspirado, desafiado y más vivo que nunca. Aunque el término "vivo", al poco tiempo de iniciada la aventura, cobró más importancia que nunca, a tal punto que me hizo repensar la manera en que el frenético ritmo de trabajo me había llevado durante décadas y en especial los últimos meses, en que me olvidé por completo de mi salud.

Una noche mientras dormía en el Ashram totalmente desconectado de todo, sentí un intenso dolor que me hizo despertar. Toqué mi abdomen por encima de la bata que llevaba y noté una protuberancia, como si fuese una pelota de tenis. "¿Qué es esto?", dije, mientras me incorporaba en la cama. Todo tipo de ideas rondaron mi cabeza, una más catastrófica que otra, hasta que llegó la definitiva: "Pues, claro, tengo cáncer. Seguro que esa bola es un tumor. Y estoy aquí en la India porque todo este proceso y mi sentido de resignificación me llegó porque me voy a morir". Preocupado y con un velo de oscuridad más profundo que la misma noche, me fue imposible conciliar el sueño. Apenas el sol se alzó en lo alto de ese domingo, pregunté por un hospital. Justo había uno al lado del centro Osho. No podía creer las coincidencias... ¿Qué me estaba diciendo el universo? ¡Todo está escrito!

Entraría a remisión. El gran mecanismo me había enviado hasta la India para morir en paz conmigo mismo.

Caminé hasta el lugar y, aunque el idioma era una gran limitante, ya que no hablaban mucho inglés, me expliqué como pude, más con señas que de otra forma. Me llevaron a urgencias y tras un examen físico general me comentaron que era necesario realizar una biopsia, para luego extirpar el bulto que sobresalía de mi estómago.

Los minutos transcurrieron más lentos que nunca y el doctor no llegaba por ser domingo. Pasé de sentir nervios a entrar en crisis. Estaba desesperado, desconsolado y las lágrimas empezaron a brotar sin control. Pensé en hablarle a mi esposa. No podía controlar el sentimiento que tenía dentro de mí. Antes de hacerlo, recapacité y me di cuenta de que eso solo la iba a preocupar y ¿qué iba a hacer ella al otro lado del mundo? Suficiente tenía con las locuras de su marido y su urgencia por encontrarse por todo el mundo consigo mismo.

Después de horas, el doctor en turno nunca se presentó y, luego de escuchar mis súplicas, fui referido a otro hospital, un hospital privado en el centro de la ciudad. Llegué como si me estuviera muriendo. Así me sentía. En urgencias, me pidieron explicar lo que me sucedía y yo solo vociferé de acuerdo con lo que me permitía mi voz entrecortada entre lágrimas y en un idioma que no era el de ellos:

—Tengo una bola aquí en el abdomen y me dijeron que la tienen que sacar.

No entendí una sola palabra de lo que dijo la doctora. Solo alcancé a percibir al final una señal de calma.

—Tranquilízate.

Procedió a revisarme mientras me hacía más preguntas.

—¿Por qué estás tan alterado? —me preguntaban.

Contesté que tenía mucho miedo de lo que estaba pasando y que estaba solo en el país sin nadie que pudiera cuidarme.

—Tranquilo, no te preocupes. Todo está bien —me respondió la doctora que amablemente me atendió—. Lo que sientes es tu hígado —señaló.

5. SANAR TAMBIÉN ES RIQUEZA | 99

—¿Cómo que mi hígado? —pregunté, porque no entendía nada.

—Sí, sí. No tienes nada. Toma estos calmantes y pronto te sentirás mejor.

¡Uffff! De un golpe, todas las tensiones cayeron de 1000 a 0.

No me pasaba nada a nivel físico. Era mi mente la que estaba jugando conmigo. Ese es el poder de la mente; el mismo poder que hemos utilizado para crear todo tipo de maravillas también tiene el poder de destruirnos. Las cosas deben de ser creídas para ser vistas, y si lo creemos profundamente lo creamos. Afortunadamente la paranoia sucumbió ante la ciencia y todo quedó en una anécdota y una reflexión de vida. Pero ese nivel de paranoia me hizo resignificar todo.

Somos afortunados de respirar, de tener salud, de tener una familia, de tener un día más de vida… Es lo que importa. Y ahí es donde te empiezas a dar cuenta de las cosas que son importantes, sobre todo cuando estás alejado de todos los estímulos y distracciones con los que vivimos día a día.

Te das cuenta de que vas adormecido por la vida como *zombie* en el sistema diseñado por la misma sociedad, donde todo se trata de producir como si fuéramos engranajes en una maquinita de movimiento perpetuo, que solo genera riqueza y bienes materiales. Estamos en el *rat race* o carrera de la rata, dormidos en nuestra propia existencia, dejando de lado la maravilla del milagro de la vida.

Decía David Foster Wallace en su discurso "Esto es agua", discurso que he escuchado cientos de veces:

El tipo de libertad realmente importante implica la atención, la conciencia y la disciplina, y ser capaz de preocuparse de verdad por los demás y de sacrificarse por ellos una y otra vez de innumerables formas insignificantes y poco atractivas cada día.

Esa es la verdadera libertad. Eso es ser educado, y entender cómo pensar. La alternativa es la inconsciencia, la configuración por defecto, la carrera de ratas, la constante sensación de haber tenido, y perdido, alguna cosa infinita.

Sé que estas cosas probablemente no suenan divertidas, ni alegres, ni grandilocuentes, como se supone que debe sonar un discurso de graduación. Lo que es, por lo que puedo ver, es la verdad con mayúsculas, con un montón de sutilezas retóricas despojadas. Por supuesto, usted es libre de pensar en él como quiera. Pero, por favor, no lo descartes como un sermón de la Dra. Laura que se mueve con el dedo. Nada de esto tiene que ver con la moral o la religión o el dogma o las grandes cuestiones de la vida después de la muerte.

La Verdad con mayúsculas trata de la vida ANTES de la muerte.

Se trata del valor real de una verdadera educación, que no tiene casi nada que ver con el conocimiento, y todo que ver con la simple conciencia; la conciencia de lo que es tan real y esencial, tan oculto a la vista a nuestro alrededor, todo el tiempo, que tenemos que seguir recordando una y otra vez:

"Esto es agua".

"Esto es agua".

A través de mi propio proceso, comprendí lo que es invisible a simple vista, pude observar el "agua" y descubrí que la verdadera felicidad radica dentro de mí, no en otro lugar. Pero también me di cuenta de que, aunque disfruto mucho de mi soledad, de nada sirve hacer viajes increíbles si no tengo con quién compartirlos. De nada sirve tener una vida extraordinaria sin la capacidad de compartirla. En eso radica la experiencia humana: en compartir.

Terminando mis días en el Ashram, decidí viajar a Varanasí, el centro de la cultura hinduista conocido por sus rituales en torno a la muerte. Quería conectar con esa energía y también rendirle tributo a mi padre en su paso hacia el más allá de manera simbólica. Así me adentré en esta espectacular ciudad para presenciar los rituales de

5. SANAR TAMBIÉN ES RIQUEZA | 101

fuego y las cremaciones en el río Ganges. Sentí una energía muy especial y finalmente realicé una ceremonia de entierro de mi padre; más de 30 años después de su muerte, mi padre por fin podía descansar. O por lo menos así lo haría en mi consciencia.

Tras mi tiempo en el Ashram y un poco más recorriendo la India, me embebí de la cultura, tradiciones, comida y religión. Fue un viaje profundamente enriquecedor, retador y, más aún, sanador.

Habiendo cumplido la primera parte del camino que había trazado, tocaba el turno de viajar hasta Cancún para reconectar con la familia de mi padre.

El reencuentro con mi papá durante la segunda ceremonia de ayahuasca estuvo cargado de muchísima compasión y eso me hizo pensar que como parte de mi proceso era necesario reencontrarme con la familia paterna. Por mi soberbia, arrogancia y falta de empatía nunca me había acercado a ellos. Es más, repudiaba cualquier pensamiento sobre esa familia que cruzara por mi mente. No me sentía parte de ese linaje. Pero eso estaba por cambiar.

Hoy siendo adulto y papá comprendo que no soy quién para juzgar a mi papá, lo que hizo o dejó de hacer. No lo conocía en lo absoluto. Lo dejé de ver cuando era muy niño y las historias que siempre escuché sobre él venían de la familia de mi mamá que, aunque siempre se expresaba con respeto, claramente podía contarlas sesgadas por su propia experiencia. Por ello mi misión era ir a conocer a mi padre a través de las historias y recuerdos de su propia familia.

Fui entonces hasta Cancún para encontrarme con mi tío Pepe, quien siempre fue el más interesado en mantener la relación con mi hermano y conmigo. Mi hermano Fer sí frecuentaba de vez en cuando a Pepe; yo no lo veía hace décadas. Resultó que mi tío era muy similar a mi papá en cuanto a personalidad. A sus 80 años llevaba una vida muy tranquila y bohemia. Fuimos a pescar y me contó muchas historias divertidas e interesantes. Me mostró fotos de mi papá y, en algunas de ellas, estaba yo. Además, me hizo revelaciones que desconocía. El último día durante la comida me atreví a preguntarle de qué había muerto mi papá realmente. Ni mi hermano ni yo lo sabíamos, y mi mamá nunca se atrevió a preguntar. Me contó que sus últimos años de vida fueron muy difíciles. Producto de sus adicciones, ingresó siete veces al hospital y su salud se vio gravemente afectada, al punto de que ya no podía ni siquiera valerse por sí mismo. Al final, víctima de una sobredosis…, murió. Mi tío también agregó: "Esto te lo comparto con la única intención de que las historias que se conocen no se repitan. No es que tu papá no haya querido visitarlos; es que no pudo. No tuvo las herramientas para salir de esto".

Esas palabras lo valieron todo para mí.

Este maravilloso viaje de profunda introspección me ayudó a entender mi entorno y, más importante, me ayudó a entenderme a mí, a comprender mi linaje y quien realmente soy. Me reforzó la idea de que no necesitaba trabajar hasta morir para tener más éxito y más dinero, que la verdadera felicidad depende única y exclusivamente de la percepción que tenemos de nuestra propia existencia.

De todas estas experiencias aprendí muchas cosas que no entendía, entre ellas el valor real de la vida, de la salud, de la familia, del éxito, del dinero y de… la libertad. En un par de meses, a partir de mi salida de Bitso, pude comprender mi propia existencia. Solo a través de ese llamado a la guerra, de ese llamado a la acción que fue mi despido y despojo de mi adorada identidad profesional, fue que pude encontrar un rayo de luz en una oscuridad que para mí era imperceptible. Los grandes enemigos también son nuestros grandes maestros. ¡Qué paradoja!

Crucé un puente imaginario para llevar mi vida a otro lado, hacia una nueva dirección, aunque en ese momento no tenía claro cuál sería ese nuevo camino. El puro hecho de pensar en mi nuevo futuro me hacía sentir extasiado; estaba feliz de vivir…, de reencontrarme conmigo, con mi libertad, y de redefinir la felicidad y la riqueza en mi propia existencia.

Cuando algo es importante, haces lo que sea necesario, aunque las probabilidades no estén a tu favor.

Elon Musk

CAPÍTULO 6

El comienzo de la revolución

Tras aventurarme a redescubrirme de formas que jamás había imaginado, de fluir libre al otro lado del mundo, sin condicionamiento alguno, regresé a Miami y abracé a mi familia. Ya no era el mismo hombre que había salido unos meses atrás rumbo a Perú con una maleta llena de dudas, frustraciones y miedos. Me sentía más seguro de mí, más agradecido, equilibrado, pero sobre todo conectado conmigo y cómodo habitando mi propia piel. Todo aquel que se atreve a perseguir su sueño se expone a caer del más alto acantilado, pero para mí… ya no existía acantilado de donde caer. En la piel de mi nuevo "yo" estaba listo para rediseñar mi vida…, la que estaba destinado a vivir.

Decía Pablo Picasso que el sentido en la vida era encontrar nuestro talento, y nuestro propósito, compartirlo. Este proceso de profunda transformación me dejó tan marcado que necesitaba salir a gritar al mundo lo que había descubierto.

Pero, antes de abrir nuevas puertas, tenía que cerrar aquellas que formaban parte de mi pasado. La decisión de no tomar ningún trabajo se tornó obvia. No fue un impulso; se trataba de un proceso. Ni por muy tentadora que fuera la oferta tenía sentido regresar a trabajar al mundo corporativo o aceptar los proyectos que me estaban ofreciendo. La prueba de fuego se presentó, como en las grandes películas, y me surgió la oportunidad de dirigir un *exchange* de activos digitales. Habiendo salido de Bitso de la forma en que salí, aceptar esta responsabilidad hubiese sido la "revancha" perfecta. Pero esta vez ya conocía mi destino y no había vuelta atrás. No iba a seguir coartando mi libertad guiado por las heridas del pasado. La incomprensión y la ira ya no formaban parte de mí, y no había necesidad de probarle nada a nadie.

Es impresionante lo dañados y heridos que estamos por el pasado y, de manera general, desde la caja o nuestra propia configuración. Pero ese también es el gran regalo de la vida, encontrarnos y redimirnos, como diría mi querido amigo Miguel Guillén: "Seguirnos perdiendo para encontrarnos".

Cuando dejé CitiBanamex para hacer carrera en GBM, mi fuego interno y mi móvil era demostrarle a mi exjefe y al banco que yo podía ser más que ellos; probarle a mi jefe que había cometido un gran error y que iba a pagar las consecuencias. Después, cuando salí de Bitso, la misma tentación regresó a mí; la idea que cruzó por mi cabeza era una nueva revancha. Por supuesto, era el camino evidente y el *exchange* me guiaba en esa dirección. Seguramente, hubiéramos podido competir de tú a tú con Bitso. Y sí, en el pasado fui muy exitoso, y sí, tal vez lo seguiría siendo, pero ¿a costa de qué? ¿Seguir por ese camino me llevaría a la felicidad? Al menos no a mi nuevo y más nítido concepto de felicidad y, por supuesto..., tampoco a mi nuevo concepto de libertad que ahora entendía de una forma clara y contundente.

Volver a lo mismo era caer en el círculo vicioso, dejando mucha de mi paz, de mi libertad y de mi felicidad en la mesa a cambio de más ego, más éxito profesional y económico. Pero ¿para qué? ¿Cuánto es suficiente? No sabía esa respuesta, pero sí sabía que no iba a seguir ese camino... Ya no más. Yo ya no era aquella persona y eso lo descubrí durante mi propio viaje interior.

6. EL COMIENZO DE LA REVOLUCIÓN | 109

Me comuniqué con la empresa que esperaba mi regreso para contratarme y rechacé la oferta. Hice lo mismo con el *exchange* y con toda propuesta que llegaba a mis manos. Sabía que tenía que parar, que debía de seguirme perdiendo para encontrarme. Los meses siguientes me los tomé de sabático.

En este proceso, recurrí a mi gran amigo Pablo Sánchez Serrano, quien más que un amigo es un hermano para mí. Nuestras historias trascienden nuestras propias vidas. Nos conocimos antes de nacer. Nuestros padres eran buenos amigos; de hecho, su papá vivió en casa de mi mamá al ser gran amigo de mi tío y su mamá estudió diseño en la universidad con mi madre. Ambas familias eran de corte liberal. Nos metieron a la misma escuela, al Tomás Moro, una escuela laica y secular, muy distinta a la educación tradicional de su momento. Por si fuera poco, el tío de Pablo se casó con mi tía y, aunque no somos primos, tenemos primos en común.

Así, por "suerte divina", el gran mecanismo nos hizo coincidir en la misma escuela, en la misma generación y en el mismo salón. Pablo era el capitán del equipo de fútbol y en muchas dimensiones el líder de la generación: galán, inteligente y bueno para los deportes. Yo, en su momento, no tenía muchas de las credenciales que él sí tenía. Era más bien retraído de la sociedad, un niño tímido y diferente. Pero Pablo siempre vio algo en mí. Desde entonces me ha impulsado a ser mi mejor versión y ha sido imprescindible en mi vida. Probablemente es la persona que más me conoce y con la que más tiempo he transitado en esta entretenida vida que el gran misterio me ha regalado.

Pablo estuvo muy cerca de mí en todo este proceso, en toda la transición. Inclusive me vino a visitar a Miami poco antes de que me fuera a hacer ayahuasca. Él sabía que necesitaba su apoyo y ahí estuvo para mí. Me pidió que me comprometiera a no tomar ninguna decisión profesional en tres meses y me brindó su apoyo en ese proceso. Pablo tiene una filosofía de vida muy interesante en la que se toma sabáticos de manera periódica. En su propia vida, Pablo ha navegado varios periodos difíciles de depresión y de expansión, y considera que estos espacios de reflexión no solo son deseables, sino necesarios. Pablo tiene un *background* profesional muy interesante, una gran vocación de servicio y un gran corazón. Necesitaba un guía para transitar mi propio proceso y la vida me lo había puesto desde el día que nací.

Con Pablo comencé a delinear lo que seguía para mi vida profesional. Comenzamos a esbozar diferentes oportunidades. Me ayudó a tomar decisiones difíciles, a rechazar ofertas y a cuestionarme duramente sobre mi vida y mi rumbo. Durante este proceso, todo comenzó a ser cada vez más claro. "Los puntos solo se pueden conectar en retrospectiva", dijo Steve Jobs en su famoso discurso en la universidad de Stanford, y tenía toda la razón. A través del tiempo había ido tejiendo el camino perfecto, la alfombra roja para prepararme para este momento, para emprender en esta dirección, para dar este paso y crear la revolución de la riqueza y ayudarle a la gente a lograr la verdadera libertad.

Los proyectos anteriores me apasionaban de manera muy importante, pero en todos ellos existían algunas diferencias que no acababan de cuadrar en mi propia experiencia. Después de las revelaciones develadas durante los viajes, me pregunté ¿por qué no? ¿Por qué no empezar algo propio con mis ideas, con mis valores y con mis principios? Y ahí, con la motivación en la cima del cielo, empecé a diseñar.

Para mí la idea de libertad es fundamental en mi escala de valores, pero la riqueza, también. La riqueza es un concepto muy poco comprendido desde el punto de vista financiero, pero también desde el punto de vista personal. En este proceso que fui descubriendo, me cuestioné si yo mismo estaba haciendo lo correcto respecto a esos dos valores. Me refiero a ver al dinero y a la libertad desde todas sus posibilidades y opciones.

Para mí hubo dos vectores neurálgicos en la toma de decisiones a partir de este punto en mi vida. Primero, quería tener una vida más balanceada, de mayor calidad para tener más libertad y

6. EL COMIENZO DE LA REVOLUCIÓN | 111

más tiempo. Segundo, y que más importante, quería vincularme con personas a las que admirara. Ya no se trataba de invertir mi tiempo para únicamente ganar dinero; más bien se trataba del cómo utilizar mis recursos, mi conocimiento, mi propio dinero y todo lo demás en la práctica de vida, en pro del propósito por el cual estoy en este planeta.

Haciéndome consciente de que las cosas tienen su propio tiempo, me dejé llevar por el ritmo de las ideas, mientras asentaba en tierra mi nuevo propósito…, un propósito en el que mi gran amigo Pablo sería pieza fundamental.

Pablo es un hombre muy estudiado, dedicado a gestionar el patrimonio de su familia mediante un *Family Office*, que son estructuras sofisticadas para invertir. También ha incursionado en el desarrollo de varios proyectos, de los cuales cabe resaltar el ser pionero en el tema de creadores digitales en México. Pablo fue el primer inversionista de Oso Trava en *Cracks* y una pieza importante en el gran éxito que ha tenido Oso como comunicador y empresario.

Por ese tiempo, coincidentemente, también transitaba un sabático y nos juntamos para que me ayudara a redefinir mi propósito. Entonces, le pedí que hiciéramos formal nuestra relación laboral. Aceptó y así fue como se convirtió en mi *coach* y, luego, en mi socio y asesor estratégico de muchos de los proyectos que hoy dirijo.

Me ayudó a recrear y diseñar todas esas ideas que daban vueltas en mi cabeza acerca de la integralidad de la riqueza.

No partíamos de la nada. Por un lado, yo llevaba casi dos décadas dedicado a democratizar las inversiones en varias empresas financieras y, por otro lado, existía un precedente de éxito en Brasil y estudiamos su modelo. Se trata de *Primo Rico* de Thiago Nigro, un personaje muy importante que encausó una verdadera revolución en materia de inversiones, al ser el portavoz de todos los secretos que tienen los multimillonarios para hacer dinero y, sobre todo, al ser un habilitador de la democratización de las finanzas en dicho país. Justo eso era lo que quería. En mí confluía la experiencia de 20 años en materia financiera, sumada a todos los elementos que formaban parte de mi desarrollo personal, y yo... estaba ansioso por proporcionarle ese conocimiento a la gente.

Desde niño tuve siempre una vocación para comunicar. Tal vez fue esa necesidad de contar historias lo que lo detonó, esa necesidad de inventar ideas en mi cabeza sobre el paradero de mi papá, sobre su presencia y sobre todo sobre su amor hacia mí. Esa ilusión de volver a verlo imprimió en mí un sello particular que con el tiempo se decantó en un talento como comunicador. Desde temprano en mi vida académica sobresalí como escritor y pronto en mi carrera profesional lo haría como portavoz de todos los proyectos y empresas en las que participé. No fue de a gratis; me tomó mucho esfuerzo y dedicación, muchas horas de práctica, vencer miedos y enfrentarlos exponiéndome y sobre todo rodeándome de los mejores.

Fue en ese camino que conocí a Oso Trava. Casualmente lo encontré por otra de las pasiones que compartimos: invertir. En 2015 invertí en su *startup InstaFit* a través de un fondo de *venture capital* en el que estaba participando y pronto creamos una gran amistad alrededor de nuestra curiosidad por crecer en la vida y en las inversiones. Oso notó en mí algo que para mí era invisible. Vio potencial. Él mismo había recorrido ese camino como comunicador y había transformado por completo su vida; lo mismo vaticinaba para mí. En su momento, me costó trabajo verlo, pero con el tiempo Oso tendría razón.

En 2020, en medio de la pandemia, recibí un mensaje que aún recuerdo con mucha emoción:

—Flaco, ¿estás listo?

—¿Listo para qué, Oso? —le contesté. Yo ya intuía por dónde iba la jugada...

—Para venir a mi *podcast*. Es hora —me confirmó Oso.

Mi corazón se detuvo unos momentos. El *podcast* de Oso tenía poco más de un año de existencia, pero era todo un fenómeno. Había

6. EL COMIENZO DE LA REVOLUCIÓN | 113

entrevistado a decenas de personas que admiraba profundamente y, ahora, yo tendría ese honor. Confieso que me entró un poco de miedo, nervios y un gran síndrome del impostor me atacó. Previo a la entrevista, Oso me comentó que ese podría ser un buen momento para lanzar alguna iniciativa en la que pudiera compartir mis ideas con el mundo. Fue entonces que decidí comenzar mi *blog* personal y publicar muchos de los escritos que tenía privados como reflexiones personales.

Me preparé arduamente para esa entrevista y finalmente llegó el día. No podía contener la emoción y recuerdo echarme un tequila antes de iniciar el *podcast* para apaciguar el nerviosismo. Oso con su gran talento llevó la conversación de manera magistral, sacando mucho jugo y valor de la plática. Fue a través de ese episodio de *Cracks*, el número 74 para ser exactos, que salí a escena en otro formato en mi vida; mi formato como comunicador digital había nacido. Lancé mi blog ese mismo día y con él mi *newsletter* también nació. Hoy ya son varias decenas de miles los suscriptores, y ese sería también el inicio de una gran amistad y colaboración con Oso, quien siempre actuó desde el corazón y el más genuino interés de ayudarme.

Un año después, en mayo del 2021, di mis primeros pasos en formatos audiovisuales a través de un *podcast*. Lo que empezó como un *hobby* por mi curiosidad, más pronto que tarde, se transformó en una pasión por comunicar más allá de la voz y compartir a todo pulmón mis opiniones. Esto no siempre fue fácil y me provocó algunos problemas en el ámbito corporativo. Mi carácter revolucionario y muchas veces irreverente también tuvo sus costos. Pero eso no iba a apaciguar mi espíritu y el fuego interno por buscar la justicia y la libertad. Desde entonces la suerte estaba echada a andar.

El *podcast* nació como *Rockstars del dinero*, siendo abanderado por el eslogan "Hacer dinero no es un arte, no es magia negra; hacer dinero es una ciencia". Desde sus inicios tiene como propósito mostrarles a las personas que no hay trucos ni secretos para invertir como los multimillonarios, simplemente se requiere de conocimiento y estrategia, porque es un tema conductual. Con el *blog* y *newsletter* ya me había embarcado en el mundo de creadores digitales. Ambos proyectos se han convertido en herramientas que han ayudado a invertir y sobre todo a vivir una vida llena de riqueza para miles de personas. Sin saberlo, en su momento había creado la base de mi futuro emprendimiento.

En estos meses de mi sabático, con Pablo fuimos definiendo el rumbo a seguir. A través de los medios digitales ya teníamos audiencias y comunidades importantes que estaban deseosas de más información, de más educación para invertir y generar un patrimonio en el tiempo. La mesa estaba servida para el siguiente eslabón: crear formatos de educación para ayudarle a la gente a invertir como lo hacen los multimillonarios.

A través de mi paso por GBM tuve la fortuna de colaborar con algunos de los más grandes inversionistas del país y de aprender de ellos de primera mano. Tener la suerte de haber crecido en "la Meca" de las inversiones me permitió desarrollar un *skill set* único que ahora podría compartir con el mundo.

La tecnología que había desarrollado en materia de aplicaciones digitales para GBM y Bitso representaba un parámetro fundamental en la ecuación. Ya existían las herramientas para invertir de manera sencilla, pero aun así mucha gente no lo hacía. ¿Por qué estaba ocurriendo este fenómeno?

Mucha gente podía invertir, realizar transacciones, pero no sabían para qué hacerlo, ni cómo hacerlo. No comprendían cómo esto les ayudaría en su vida; lo veían como un riesgo innecesario debido al desconocimiento y a los tabúes de los que siempre ha estado rodeado el dinero, al grado de que mucha gente desde la ignorancia absoluta relacionaba las inversiones con las apuestas. Al analizar esta situación, comprendimos que el puente necesario para la democratización de las inversiones ya no transitaba a través de los productos digitales, sino a través de la alfabetización financiera y de la educación. Para entenderlo como analogía, ¿de qué sirve que tengas la vacuna contra

6. EL COMIENZO DE LA REVOLUCIÓN | 115

la enfermedad si nadie sabe que está contagiado ni nadie va al doctor? Pensando en esto, ya existía la vacuna, es decir, las aplicaciones digitales, pero la gente no sabía que estaba enferma. O sea, no saben que no invertir es un grave problema. No saben que la inflación es un problema. No entienden el interés compuesto. En esencia, no saben que tienen una enfermedad y que existe una vacuna. Y, por supuesto, no van al doctor, que, en este caso, representa la educación financiera. Sobre esta analogía creamos tres *ejes de negocio*: el de medios digitales, el de educación y el de inversiones.

De esa forma fuimos dándole forma a todo el conocimiento y experiencia de más de 20 años que yo mismo había implementado en mi vida, para compartir este regalo con el mundo.

El camino del héroe

Debo resaltar que todo lo anterior suena muy color de rosa, como si todas las ideas hubiesen fluido de manera coherente y organizada en un camino pavimentado y listo para caminar, pero en realidad fue todo lo contrario; los baches en el camino estaban allí, exponiéndome por completo a mis grandes heridas. El lado oscuro del que tanto había huido y que creí haber dejado atrás se estaba manifestando constantemente en mi camino.

La realidad es que durante el sabático de este proceso de reinvención me fui dando cuenta de todas las heridas que fueron difíciles de controlar a nivel emocional, de la volatilidad de emprender, de estar solo, de sentir mucha incertidumbre de si las cosas iban a funcionar o no, de confrontarme conmigo, ahora sin el velo corporativo que me había dado tanta estabilidad e identidad. No tener esa base, esa estructura que me proporcionaba recibir un pago, y el saber que no estaba cobijado por una gran empresa fue durísimo. Y a eso se le suma la incertidumbre de no generar ingresos y de invertir mi propio patrimonio en mis emprendimientos.

Por eso, varias veces me sentí tentado a regresar al mundo corporativo. El gran mecanismo me pondría a prueba nuevamente.

Afortunadamente había comenzado a invertir temprano en mi carrera profesional y gracias a inversiones muy exitosas tenía un patrimonio que me permitía tener un par de años de flujo para vivir. Pero, sin importar eso, igual empezó a hacer ruido la hormiguita en mi cabeza. Y no nada más en lo financiero. Me empecé a cuestionar, inclusive. "Chance y no lo logro, chance y siempre fui un fracaso, esperando a ser desenmascarado. Soy un fraude. ¿Qué pasa si lo que creí es obra de las circunstancias y simple suerte?" La realidad me carcomía y conforme pasaba el tiempo el camino era más difícil. En resumen, estaba padeciendo del síndrome del impostor, un estado que, por cierto, regresaba cada dos o tres días, o quizá nunca se iba.

Frente a un cúmulo de dudas que me bombardeaban sin compasión, recurrí a mi familia, amigos, a los consejos, a mis círculos de apoyo. Todas estas personas me ayudaron a ver la realidad de manera objetiva, porque nuestra mente está diseñada para ver el peligro debido al instinto de supervivencia. Y es algo con lo que tenemos que aprender a lidiar, de la mano de prácticas que cuiden tu salud de manera integral, como hacer ejercicio, meditar, hacer *journaling* y mantenernos sanos. Estos hábitos desarrollados a través de la vida son un medio muy efectivo para silenciar las voces que hacen ruido acerca de un posible fracaso.

Y creo que los atributos que sostiene el mundo corporativo de certeza, seguridad y salarios son muy buenos. Hay que desmitificar el tema de que ser empleado es malo, porque la verdad es que tiene muchísimas ventajas, yo mismo fui beneficiario de ellas. Lo que pasa es que, al cambiar, al reconocerme en mi interior, ya no me sentía parte de ese mundo. Creo en el camino natural de la vida y mis decisiones me fueron llevando en la dirección de mis acciones, aunque no te voy a

6. EL COMIENZO DE LA REVOLUCIÓN | 117

negar que cada cierto tiempo me abordaban las dudas... Y esas dudas siguen y seguirán presentes; son parte del camino.

Una de mis mayores reflexiones en este andar fue sobre confrontarme, reconocer mi vulnerabilidad. Siempre me había manifestado como el todopoderoso, alguien duro, agresivo, pero, siendo sincero, por dentro soy una persona extremadamente sensible y emocional. Y, en este proceso, el Javier un poco tierno, noble y emotivo empezaba a manifestarse. Reconocer esta identidad en mí ha sido tremendamente positivo y sanador; lejos de afectarme, me ha generado gran fortaleza en lo personal y también en el ámbito profesional. Hablar de finanzas desde un punto de vista más humano, no nada más desde los aspectos técnicos, para conectar con la gente es un superpoder.

Por otro lado, el camino público como creador digital y comunicador ha sido también muy retador, principalmente por mi necesidad de reconocimiento y mi miedo al rechazo. He recibido mucha crítica, risas escondidas y burlas de gente cercana y de la sociedad. Para ser sincero, a mí mismo por momentos me ha dado vergüenza ser percibido como *influencer*. Reconozco que ha sido incómodo, pero soy consciente de que detrás de ese pensamiento se esconde mi ego. Es más, ha sido una gran terapia para superar muchos de mis traumas y me ha permitido generar más consciencia y confianza en mí, darle menos importancia a lo que la gente diga o no de mí y creer en mis propias convicciones. Hoy comprendo que sigo trabajando con ese niño herido que necesita cariño y extraña a su padre.

Todo el mundo hace lo que puede con lo que tiene... y yo no soy la excepción. Pero hoy sé que la vulnerabilidad es un valor tremendamente poderoso y lo llevo conmigo como un preciado tesoro.

Y, poniendo de lado a mi ego detractor, con este proyecto siempre me he movido hacia adelante, iterando, buscando estar con la gente correcta. Pues, como todo, durante cualquier proceso o idea innovadora, surgen éxitos y también fracasos.

Fue increíble diseñar este proyecto desde el corazón y desde el alma, acompañado por personas capaces de crear la visión y estrategia de este concepto y siendo acompañado a través de este mundo de sueños por Pablo, mi mentor, mejor amigo, mi hermano…, mi guía cósmico.

Inicia la revolución

Fue así como en enero del 2023, luego de varios meses de una emocionante preparación, nació Revolución de la Riqueza, una empresa dedicada a la educación financiera que busca ayudar a las personas a alcanzar la libertad a través de la riqueza. Para comenzar necesitábamos colaboradores, cómplices que nos ayudaran a hacer esta idea realidad. Fue entonces cuando entró una nueva persona a la ecuación que haría que todo fuera posible: Marcela Muñoz.

Marce había trabajado previamente con Pablo en su último proyecto profesional. Luego de un sabático propio de la misma Marce, nos reunimos para conocernos y platicar sobre la revolución de la riqueza. Fue un flechazo a primera vista, la misión la cautivó y desde entonces comenzamos los dos a construir la visión que tanto nos apasiona: crear libertad a través de la riqueza.

Lo primero que hicimos fue crear un par de propiedades digitales. Dedicamos esfuerzos para darnos a conocer y en las redes sociales encontramos el caldo de cultivo perfecto. También robustecimos nuestros esfuerzos editoriales donde compartimos contenido valioso en materia de dinero y creación de riqueza. Sabíamos que la clave estaba en crear contenido de calidad que atrajera audiencias buscando aprender a invertir. La amplitud del mensaje empezó a llegar a muchas personas.

Organizamos nuestro primer evento en materia de educación financiera llamado Wealth Mastery, una experiencia inmersiva sobre la riqueza que realizamos en Valle de Bravo, una ciudad hermosa ubicada a menos de dos horas de la Ciudad de México. Asistieron cerca de 50 personas, muchas de ellas familiares y amigos con los que estaré eternamente agradecido, todas interesadas en alcanzar la tan ansiada libertad financiera. Pronto, Wealth Mastery se comenzó a tornar en una experiencia de Riqueza 360, lo que definiría el rumbo del proyecto en el tiempo.

Diría que fue una experiencia casi religiosa por la forma en que se manifestó el poder de la comunidad: gente con distintos antecedentes unidos por una causa común. Más allá de enfocarnos únicamente en temas y estrategias financieras, el espacio se prestó para cuestionar el modo en el que vivimos, nuestras creencias acerca del dinero, nuestra mentalidad, y para hablar de forma filosófica de temas tan intrínsecos en nuestra vida como el estrés, el miedo, la salud, las metas, el propósito en la vida. La respuesta fue increíble.

Uno de los temas que más me han inspirado a seguir por este camino es la respuesta de la gente que se ha unido al movimiento de la Revolución de la Riqueza. Aquí te comparto el texto que escribió Santiago Espinosa a un año de haber participado en la primera edición de Wealth Mastery:

A un año de Wealth Mastery Cuando la transformación personal te encuentra

Por Santiago Espinosa

"Es fácil unir los puntos viendo hacia atrás" es una de las frases que más se me han quedado marcadas, parafraseando un discurso de graduación dado por Steve Jobs que a mi papá le gustaba poner en el novedoso YouTube cuando yo era adolescente. En mi caso, sin duda he experimentado este fenómeno de hindsight, un proceso normal, como me lo había adelantado Steve Jobs hace tiempo. Lo que no anticipé fue la enorme distancia que podría haber entre los puntos más recientes y los más antiguos.

Hoy cumplo un año de haber ido a Wealth Mastery, un invento producto de la enorme vocación de servicio de mi querido Javier Morodo que, en un juego de expectativas vs. realidad que es difícil exagerar, transformó mi vida. Fui esperando aprender de finanzas, pero aprendí de la complejidad de la vida. Esperaba poder aterrizar asesoría de inversiones en acciones concretas, pero lo que obtuve fueron abstracciones reveladoras de mi relación con el dinero desde el amor y el miedo. Esperaba pasar un fin de semana relajado con Hilda, mi esposa, en Valle de Bravo, pero, más allá de la agenda intensa, tuve interacciones que tambalearon mi identidad y me llevaron a hacerme preguntas que no me había hecho nunca, fortaleciendo mi relación de pareja. Experimenté respiraciones, hielos, ejercicio y meditaciones que me abrieron mundos que había ignorado por completo por años: mi salud física, mi salud mental y mi espiritualidad.

El fin de semana de Wealth Mastery fue inesperadamente intenso, provocativo, reflexivo y profundo. Pero la experiencia no acabó cuando regresé a casa. La transformación había comenzado.

Varias veces me he preguntado cuál fue el ingrediente más importante en todo esto. ¿Cómo pudo un solo fin de semana tener un impacto tan importante en mi forma de ver el mundo? La Tribu. Mis queridos Javier Morodo, José Casas, Claudia Zaragoza, JP Álvarez y Pablo Sánchez me mostraron a un grupo de gente donde cada uno reunía tres características que yo no había visto juntas en una sola persona: 1) Plenos, 2) Agradecidos y 3) Exitosos. En mi cosmovisión, estas eran tres características mutuamente excluyentes. Podías ser una persona plena, que tiene relaciones familiares y personales profundas, sana física, mental y espiritualmente (en mi cabeza, un hippie). Podías vivir muy agradecido, pero esto estaba reservado para los muy ricos. O podías ser una persona "exitosa", con ingresos o activos suficientes para sentir cierta seguridad financiera (que yo incorrectamente asociaba en ese momento al estereotipo del tipo

6. EL COMIENZO DE LA REVOLUCIÓN | 121

ocupado, ostentoso y mamón). Pero no podías ser las tres cosas. Lo más impactante para mí fue que gran parte de la Tribu, ese grupo de desconocidos que asistió al retiro con nosotros, ¡también cumplía con estas tres características!

LA TRIBU

Darme cuenta de esto hizo pedazos mi entendimiento de la realidad en los meses que siguieron. Me permitió conocer a personas que eran capaces de hacerlo todo, abriéndome un mundo entero de posibilidades. Entendí que no tengo que seguir el camino del corporativismo tóxico y devastador para las personas y el planeta. Vi con claridad que puedo ser vulnerable, humilde y humano, y que serlo me haría ser más pleno y exitoso. El tiempo y la energía que dedico a cuidar mi alimentación y sueño, a prepararme para una competencia deportiva, a meditar dos veces por día, a mis sesiones de terapia, a mi tiempo de lectura y de escritura, y especialmente a pasar tiempo de ocio con mi familia y amigos, no solo no es una pérdida de tiempo, sino que es la riqueza de la vida: la Riqueza 360.

En estos meses, me he atrevido a probar terapias nuevas y medicinas sagradas, a tener conversaciones incómodas y a conectar con gente radicalmente diferente al "yo de siempre". Y esto solo ha traído más cosas buenas, más experiencias transformadoras y un gran número de maestras y maestros de los que aprendo todos los días.

Mi identidad cambió. Mis prioridades se reacomodaron. Me he vuelto una persona más consciente, que busca estar presente, fomentando relaciones profundas entre las personas como un antídoto para la soledad y la polarización de nuestra sociedad, al tiempo que busco ser un habilitador para que otras personas en proceso de transformación encuentren un aliado en los momentos de flaqueza. En otras palabras, me he vuelto una persona que tiene una misión: estar al servicio de los demás.

Aún queda mucho por aprender y desaprender. Mucho que transformar. Pero un aniversario es siempre una buena oportunidad para hacer un alto, voltear para atrás y unir puntos, reconociendo la enorme distancia recorrida.

Gracias, gracias, gracias a Javier, porque con su vocación de servicio está cambiando vidas de formas que ni él se imagina. Gracias a todos los grandes amigos y maestros de la Wealth Tribe.

Y gracias a ti por leer estas palabras. Deseo de todo corazón que la vida te tenga guardado, al menos, un proceso de transformación tan gratificante como el que estoy experimentando.

Pero no todo fue filosofía y pasarla bien; también hablamos de dinero, riqueza y finanzas. En México hay una gran deficiencia en el acceso a productos y servicios financieros, especialmente en el entorno digital. Y, como mi visión del mundo apunta en esa dirección, me propuse transformar esa debilidad en una fortaleza, creando muchos servicios que democraticen las inversiones —que antes eran exclusivas para los multimillonarios en el país— para los inversionistas de "a pie" que jamás han tenido acceso a ellos. Y ahora tenemos una gran comunidad de inversionistas que cada día va creciendo.

Con la mirada puesta en el horizonte… nos lanzamos al futuro.

Como tercer eslabón de la ecuación, Pablo y yo le dimos vida a *Revolution Capital*, una plataforma de activos alternativos para que los

6. EL COMIENZO DE LA REVOLUCIÓN | 123

inversionistas tengan acceso a los mejores fondos de inversión a partir de montos muy accesibles. Funge como un puente entre los inversionistas y los mejores gestores de inversión internacionales que hoy tenemos gracias al gran *network* financiero que hemos desarrollado a través de los años.

Nuestra misión es cerrar la brecha entre los activos alternativos que han generado los mayores retornos sobre inversión y los inversionistas de "a pie". La iniciativa pone al alcance de las personas activos en los que históricamente hubieras necesitado millones de dólares para invertir. Nosotros a través de un modelo de *crowdfunding* los podemos ofrecer desde montos mucho más accesibles y además nosotros previamente curamos todos los proyectos.

Mi pasión y experiencia en la industria Crypto me animó a crear un fondo institucional para invertir los recursos de los inversionistas. La vida me ha puesto en el camino a grandes financieros a mi alrededor y para este proyecto no podía ser la excepción, razón por la cual me asocié con dos grandes profesionales de la industria financiera: Allan Cassis y David Rodríguez, quienes cuentan con mucha experiencia en esta industria naciente y sobre todo quienes son dos grandes personas a las que respeto y admiro enormemente.

Al tejer una nueva estructura basada en la democratización del conocimiento financiero y las inversiones, estamos acercando a la gente alternativas que van a potencializar su patrimonio y, con ello, su camino hacia la libertad. Sueño que, en un futuro muy próximo, todo este conocimiento y democratización de la inversión pueda convertirse en un movimiento. Nada mejor que vibrar en la misma sintonía haciendo eco por un fin común. Hoy sé que hay esperanza porque cada vez somos más voces las que se suman a este despertar colectivo. Estamos reescribiendo páginas de la historia financiera y… el resto de mi vida lo dedicaré a ello. Esa es mi misión.

Pero la verdadera riqueza va más allá del dinero. La verdadera riqueza es un estado de consciencia. Dice Naval Ravikant que hay tres cosas que el dinero no puede comprar y que se deben ganar: la salud, la paz mental y una familia llena de amor. De nada sirve tener todo el dinero del mundo si no tienes con quién compartirlo, si acabas en el manicomio o, peor aún, en el panteón. Por ello hay que trabajar en todo nuestro ser: nuestro cuerpo, nuestra mente y nuestro espíritu. La verdadera riqueza es holística. La verdadera riqueza es Riqueza 360. El dinero es un habilitador de la Riqueza 360.

Con cada artículo que escribo, cada curso y conferencia que imparto, cada *podcast* que grabo, cada vehículo nuevo que creamos, estoy ayudandotrato de ayudar a miles de personas, y ojalá pronto a millones, a comprender más sobre las finanzas y las inversiones, y sobre el tiempo para crear libertad a través de riqueza. Cada día intento dejar una pequeña huella y un granito de arena para esta humanidad, lo cual me pone muy feliz.

PARTE II

La revolución de la riqueza

> *Dame una palanca y moveré al mundo.*
>
> Arquímedes

CAPÍTULO 7

Los cinco pilares del círculo de la riqueza

¿ Te has preguntado alguna vez por qué algunas personas son ricas y otras son pobres? ¿Por qué algunos tienen éxito en los negocios y otros fracasan? ¿Por qué algunos viven con abundancia y otros con escasez? ¿Por qué algunas personas logran la libertad y otras no?

La respuesta está, en gran parte, en la forma en que piensas y actúas respecto al dinero. El dinero es una herramienta que puedes usar para crear o destruir, para construir o derribar, para liberarte o encadenarte. Todo depende de cómo pienses y cómo lo manejes.

Todos queremos libertad financiera. Esa es una realidad. Y creo que el problema de este anhelo es que la mayoría de la gente no sabe ni siquiera qué es la libertad financiera. Y es algo muy sencillo: libertad financiera significa tener opciones… para hacer lo que quieres.

En su mayoría la gente vive condicionada; nace, se reproduce y muere en el mismo lugar donde nació, en las mismas circunstancias y el mismo nivel socioeconómico en el que nació. Y tal predisposición coarta las posibilidades y opciones de esas personas. Esa es la cruda realidad.

Se dice que las tres decisiones más importantes en la vida son: a quién eliges como pareja o con quién decides casarte; dónde vives y dónde trabajas. Eso determina todo lo demás. Pero... ¿cuál es la forma correcta de tomar esas decisiones tan importantes? Parece hasta pregunta retórica. No sabemos si es tino, suerte, intuición o lógica. Pero lo cierto es que la mayoría de las personas no sabe cómo tomar estas decisiones, no lo hace ni consciente ni intencionalmente. ¡Qué tragedia!

Existe una gran cantidad de datos estadísticos, de hechos fácticos, que avalan esta realidad. Por ejemplo, dos de cada tres personas son infelices en su relación de pareja. Como te lo dije en la introducción, el índice de violencia intrafamiliar supera el 40%. 85% de los empleados son infelices en su trabajo y más de una tercera parte de los mexicanos se juega la vida cruzando la frontera buscando oportunidades en nuestro país vecino. Vivimos claramente condicionados. Estudios han demostrado que se puede saber el desenlace de una persona en el momento de su nacimiento simplemente conociendo la ubicación geográfica en la que nace dicho individuo. Eso suena realmente jodido para estar viviendo en pleno siglo XXI.

Algo claramente está mal. ¿Cuánta gente es infeliz? ¿Cuántos más tienen su libertad restringida? ¿Cuántos viven por debajo de su potencial? La respuesta es que miles de millones de personas están en esta situación. Todas estas cadenas que esclavizan hacen imposible siquiera pensar en la libertad, mucho menos indagar sobre ella o experimentarla, porque no poseen opciones. Y eso significa no tener libre albedrío. De hecho, la gran mayoría de la humanidad vive en completa escasez, aun cuando existe una clara abundancia de recursos y vivimos sin lugar a duda en el mejor momento de nuestra especie. Pero hay una gran esperanza, pues existen las herramientas y técnicas para que la gente pueda cambiar su propia realidad y con ello dar un salto cuántico para vivir en riqueza, vivir en libertad. Debo decirte un secreto a voces que todos conocen, pero que muy pocos saben usar a

7. LOS CINCO PILARES DEL CÍRCULO DE LA RIQUEZA | 133

su favor. El dinero te puede comprar opciones para mandar al diablo a tu jefe, para separarte de tu pareja abusiva con la que no eres feliz o para irte a vivir a otro país con el que siempre has soñado. Esa es la verdadera naturaleza del dinero.

Y, ya entrados en materia, hay temas estructurales muy críticos de los cuales poco se habla. El régimen de pensiones en México está cambiando a las Afores y eso tiene graves implicaciones para la población de adultos mayores. Se estima que más del 80% de la población mexicana no tendrá un retiro digno. Las proyecciones señalan que la gente se va a retirar únicamente con el 15% de su último salario. Esto ocurrirá de manera acelerada a partir del 2030. La inequidad en la distribución de la riqueza se ha acelerado en estos últimos años, hecho que empezó a producirse desde mediados de los 90. ¿Y quién es el responsable? Principalmente, los avances tecnológicos que han generado nuevas formas de riqueza muchísimo más escalables y aceleradas que en décadas previas. Hoy el 1% de la población tiene más del 50% de la riqueza global. Y el 50% más pobre tiene menos del 5% de la riqueza total. En síntesis, la gente más rica acumula más riqueza y la gente más pobre acumula menos riqueza. Eso está totalmente mal y, si no hacemos algo al respecto, la polarización que genera esta inequidad acabará detonando una guerra civil. No tengo la menor duda de que muchos de los brotes de violencia provienen de la idiosincrasia, la frustración y la agresividad que siente la gente al ver tanta disparidad en términos económicos. Y, si no hacemos algo para que mucha de la información y de las capacidades técnicas de generar riqueza sean compartidas con el otro 50% de la población y así ayudemos a equiparar la tabla, este fenómeno de inequidad desmedida será el detonante de la tercera guerra mundial.

Por último, un estudio del gestor de inversiones más grande del mundo, BlackRock, realizado en 2020 a nivel mundial, señala que la causa número uno de estrés es el dinero. Lo más crítico de este estudio es que fue realizado en medio de la pandemia y aun así el dinero estaba por encima de la salud y de la familia. Algo está tremendamente mal con el dinero. En el mundo hay más de ocho mil millones de personas, hay múltiples naciones estado, países, ideologías, fanáticos de equipos deportivos y demás comunidades. Jugamos muchos juegos, pero todos jugamos este juego del dinero, juego que, además, por todas las estadísticas que te comparto, estamos claramente perdiendo.

Pero ¿quién está ganando el juego del dinero?

Es fácil: la gente rica. No hay que ahondar mucho más en esa interrogante. La pregunta importante es: ¿Por qué tú no estás jugando ese mismo juego? La respuesta se centra en entender en dónde estás poniendo tu atención.

A mí me gusta correr, y entreno siguiendo las técnicas de los mejores corredores de fondo y maratonistas, atletas olímpicos, campeones, verdaderos profesionales en lo que hacen. Porque, si quieres correr de forma óptima, lo mejor que puedes hacer es imitar al mejor corredor y empezar a cambiar tus métodos de entrenamiento, de alimentación, de hidratación, de suplementación. O contratas a un *coach*, a un experto para que te ayude a establecer una nueva rutina de ejercicio y alimentación. Solo así podrás emular a los grandes competidores y mejorar tus resultados, ¿cierto? Pero no estás haciendo lo mismo cuando se trata de dinero. No estás replicando lo que la gente con más dinero hace. Es paradójico.

A todo esto, ¿qué hacen los multimillonarios?

Como mencioné en el capítulo 2, todos, absolutamente todos los multimillonarios de la lista de la revista *Forbes*, tienen solo dos profesiones: inversionistas y empresarios. Y los empresarios han hecho su fortuna invirtiendo. En esa lista no hay deportistas ni artistas. Claro que existen muchos artistas y deportistas exitosos económicamente; sin embargo, estos viven tras el mundo de los medios y participando el juego del estatus. Ese juego por lo general destruye riqueza, porque implica emplear muchos recursos para verse ricos, para parecer ricos. La verdadera riqueza es silenciosa y muchas veces hasta "invisible".

Las personas más exitosas económicamente, los multimillonarios empresarios, han creado su patrimonio a través del valor de sus acciones. El caso más representativo es Elon Musk, cuyo patrimonio neto se estima en 240 mil millones de dólares. Como mencioné en el capítulo 2, si este gran empresario ganara un millón de dólares al día —que de por sí es un sueldo astronómico y del cual no conozco precedente—, le tomaría más de 640 años volver a juntar esa riqueza. Ni en seis vidas podría acumularla.

Y, si te preguntas cómo ha podido generar tal nivel de riqueza, lo ha logrado porque ha invertido y utiliza distintas palancas para generar aún más, palancas que se pueden comprender y aprender. A esto se suma que está usando el tiempo de todas las personas que ha contratado y de todos los clientes que compran sus coches, y cuenta con el poder de escalabilidad que le ha dado la tecnología que ha desarrollado. Esa es la forma en que ha acumulado esa cantidad de riqueza.

Entonces, la reflexión que puedes hacer aquí es que debes emular a los mejores, a la gente más rica, y eso solo significa una cosa: invertir.

Por muchas décadas, ha existido un mecanismo al servicio exclusivo de la gente más rica del mundo, pero, afortunadamente, poco a poco, especialmente en los últimos años, cada vez más personas lo hemos identificado, aprendido, decodificado, implementado y, ahora, a través de la revolución de la riqueza, hemos comenzado a transmitirlo a más y más personas, democratizando el acceso a este conocimiento e información. Hemos creado un *framework* con cinco elementos que, al comprenderlo y accionarlo, te permitirá crear riqueza. Este *framework* se llama "Círculo de la Riqueza", con él verás que hacer dinero y vivir en riqueza no es magia negra; es una ciencia y se puede aprender y replicar si sigues los pasos. Además, es un círculo virtuoso que se retroalimenta con cada uno de sus cinco principios fundamentales.

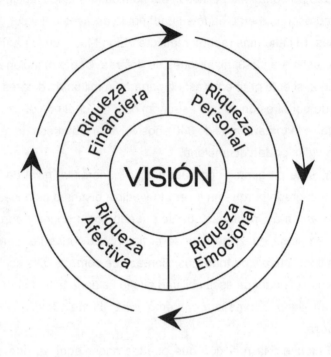

Como lo hemos mencionado repetidamente a través de este libro, la verdadera riqueza es Riqueza 360, por lo que estos cinco principios no se tratan únicamente de un aspecto financiero; van más allá de eso. El círculo inicia con la **visión** de qué quieres hacer y, sobre todo, para qué va a servir el dinero en tu vida y cómo se ve tu vida con ese dinero a través del tiempo. La gran mayoría de las personas no tiene una visión de vida. Es increíble que la gente vaya por la vida de manera reactiva y no sean intencionales en el rumbo y decisiones de esta. Siempre me ha parecido irónico que pasemos tanto tiempo definiendo la visión y estrategia en nuestras empresas y no le dediquemos la misma importancia a nuestra propia vida. Por ello, el círculo tiene como elemento principal nuestra visión de vida, para reflexionarla, definirla y, con el dinero y las técnicas de riqueza, potencializarla.

7. LOS CINCO PILARES DEL CÍRCULO DE LA RIQUEZA | 137

Cuando eres capaz de ver y tienes una visión clara, empiezas a entender tu relación con el dinero y te haces consciente de la importancia del segundo principio, la **psicología**, que es, en esencia, todas aquellas creencias y emociones que tienes acerca del dinero, ya sean creencias que te empoderan o te limitan, emociones positivas hacia el dinero, o las que te corroen y repelen todo aquello que tenga que ver con el tema. La relación con el dinero es todo lo que no se ve debajo del iceberg y, como bien decía Carl Jung, si no trabajamos en hacer consciente lo inconsciente, esto último nos definirá y lo llamaremos destino. Por ello es fundamental comprender la relación que tenemos con el dinero, engloba tantas cosas, y con ello que comprendamos nuestra propia psicología.

El juego del dinero y las inversiones es altamente emocional. 80% del juego se gana comprendiendo estos dos principios con mucha claridad y profundidad. Pero ideas sin ejecución son solo sueños, y por ello debes pasar al plano de la acción, es allí donde **las finanzas, que son el tercer pilar del círculo,** entran a la ecuación. Y aquí el cómo crear tu riqueza, cómo conservarla y cómo no gastarla son los ejes centrales.

Una vez creado el dinero y la riqueza, le toca el turno a la **inversión**, el siguiente principio del círculo. Invirtiendo multiplicas tu riqueza. Dice Grant Cardone, empresario norteamericano y magnate en bienes raíces, que el dinero tiene tres etapas y la mayoría de la gente no llega a la tercera. Estas son: cómo crearlo, cómo mantenerlo y cómo multiplicarlo, y la inversión es el mejor mecanismo para multiplicar. Aquí los conceptos más importantes son el interés compuesto y el largo plazo. Warren Buffett es un gran caso de estudio en esta materia, uno de los más grandes inversionistas de nuestra era, pero sobre todo un hombre que llegó a ser el más rico del mundo, no por ser el más inteligente, sino por ser el más longevo, dicho por él mismo. ¡Buffett creó el 99% de su patrimonio después de los 50 años!

El dinero puede ser un juego muy peligroso si se convierte en un fin; eso me sucedió a mí. Por ello entra nuestro quinto pilar del círculo:

la Riqueza 360. Te aseguro que solo a través de ella podrás vivir una vida realmente plena, porque serás capaz de priorizar tu tiempo y tus relaciones, dando lugar a lo realmente importante en tu vida... que es vivir.

Con esto dicho, en los próximos capítulos te enseñaremos con lujo de detalle el secreto mejor guardado de la historia de la humanidad: cómo vivir la vida de tus sueños a través de la rueda de la riqueza. Entendiendo el juego que participan los ricos y los principios del círculo de la riqueza estarás listo para generar tu propia riqueza. Así como yo lo hago, ahora todos allá afuera lo podrán hacer.

*El éxito sin propósito
es el mayor fracaso.*

Tony Robbins

CAPÍTULO 8

Visión

Si no sabes a dónde vas, nunca vas a llegar. Es increíble que nunca nos paremos a pensar en esta cuestión tan importante en la vida. Vivimos bajo los cánones que la sociedad ha establecido. Vivimos en la *rat race* (la carrera de la rata), reactivos ante el mundo y ante las circunstancias. Lo peor es que luego nos preguntamos por qué somos infelices. ¡Es obvia la razón!

Por ahí dicen que, si no defines tu visión y tu vida, alguien más lo hará por ti. Desafortunadamente así vive 99% de la gente. Pero tú…, tú no. Por eso estás leyendo esto y es tiempo de despertar.

Durante mucho tiempo, recorrí sin rumbo la carrera de la rata. Creía que el dinero resolvería todos mis problemas. En ese trayecto, me topé con los placeres del éxito mundano: el poder, el reconocimiento, los bienes materiales. Sin embargo, lo que realmente quedó grabado en mi memoria fue una mañana del año 2017, cuando conocí a alguien que cambiaría el curso de mi vida: mi coach ejecutiva, Soraia Kutby.

Llegué a Soraia en medio de una profunda crisis profesional. Estaba atrapado en el torbellino de una reestructuración empresarial dentro de GBM. Había perdido la brújula, abrumado por el estrés y agotado tras aceptar retos que drenaron gran parte de mi energía, tanto en lo personal como en lo profesional.

En ese entonces, mi motor era crecer, ser visto, ser valorado, ser reconocido. Pero detrás de esa búsqueda había una herida clara: seguía siendo el niño abandonado que intentaba llenar su vacío a través de distracciones superficiales. Me esforzaba por proyectar una imagen que no correspondía con mi verdadero ser, y eso solo me conducía a un lugar: el abismo.

Fue en esa mágica sesión de 2017 cuando Soraia me ayudó a vislumbrar mi verdadero propósito. Utilizó una técnica de la metodología "Lean", de Toyota, llamada "Los 5 ¿Por qués?", una herramienta que, mediante la repetición de la pregunta "¿Por qué?", te guía hacia la raíz de cualquier problema.

Comenzamos por lo evidente: contar con recursos económicos es crucial para tener opciones en la vida y alcanzar la felicidad. A medida que avanzábamos, nos adentramos más allá de lo superficial. Invertir, comprendí, es un pilar esencial para lograr la riqueza y la libertad financiera. Al tercer "por qué", el ejercicio empezó a revelar verdades más profundas: libertad, justicia, equidad.

Fue entonces cuando me di cuenta de que democratizar las inversiones era mucho más que un simple eslogan de marketing. Ayudar a las personas a invertir y desarrollar productos digitales que hagan accesibles las inversiones es, en realidad, un vehículo poderoso para crear libertad, justicia y equidad. En ese momento, comprendí que mi misión en este mundo es generar libertad a través de la riqueza.

Desde entonces, mi vida cambió radicalmente. Ahora sé con claridad por qué me levanto cada mañana, y el esfuerzo que antes me parecía agotador, se transformó en entusiasmo.

Como dice el doctor Alfonso Ruiz Soto: "Aquel que no conoce el beneficio no realiza el esfuerzo... pero quien lo conoce, transforma el esfuerzo en entusiasmo".

8. VISIÓN | 145

A partir de ese momento, comencé a reflexionar profundamente sobre mi visión de vida, mis valores y mi propósito, y esa toma de conciencia cambió mi vida para siempre.

¿Cuál es tu propósito? ¿Cuáles son tus valores? ¿La vida que estás viviendo todos los días es la que siempre soñaste? Estas son algunas de las preguntas que debes plantearte y analizar, para que a partir de estas respuestas puedas construir una gran visión de tu vida, si es que aún no la tienes.

De nada te sirve practicar el juego del dinero solo por el dinero, de nada te sirve participar en el juego del estatus o del éxito profesional solo para satisfacer el ego, porque tarde o temprano te vas a dar cuenta de que ese no es el juego correcto. Por eso, pensar cuál es tu visión en la vida es lo primero que debes comprender. Pero no se trata de pensar por pensar o simular que piensas. No… Cuando pienses, debes hacerlo de manera holística y a profundidad para descubrir tu verdadero propósito. Y, una vez descubierto, debes plantear todos tus objetivos, metas, estrategias, todo, absolutamente todo, en torno a ese propósito.

La visión es el primer pilar del círculo de la riqueza, pues el primer paso es saber hacia dónde vas. La visión no es un componente que definas una vez y ya quede escrito en piedra; más bien, es un proceso dinámico que puede ir cambiando en función del tiempo y tus circunstancias, por eso debes regresar a esta gran visión de manera periódica para afinarla, refinarla, y quizás, hasta reformularla, partiendo siempre de quién eres y quién vienes siendo.

La visión comprende un propósito y un grupo de valores que guíen todas tus decisiones y que te sirvan como artefacto de ese ideal imaginario hacia donde vas.

Toda mi vida ha estado llena de momentos de reflexión que evolucionan con el pasar del tiempo. Dichas reflexiones me han llevado a entender que nuestro propósito es dinámico. En mi experiencia, puedo decirte que mi propósito ha evolucionado con los años. Primero fue alcanzar la libertad, sin entender qué es exactamente lo que la libertad significa. Después, fue buscar la libertad financiera, generar dinero, mucho dinero, un propósito sin duda legítimo pero carente de sustancia e impacto. Más adelante mi propósito se transformó en democratizar las inversiones para hacerlas llegar al mayor número de personas. Hoy es algo más holístico y profundo, mucho más grande, mucho más ambicioso. Mi nuevo propósito es crear libertad a través de la riqueza no solo para mí sino para miles y ojalá pronto millones de personas a través de la revolución de la riqueza. Me encanta esta versión de mi visión porque ya no se trata de mí; ahora se trata de ayudar a la gente. Además, mi propio concepto de riqueza ha cambiado, ha evolucionado con el tiempo. Hoy no se centra en el dinero; la riqueza más bien tiene varios ángulos y el dinero es solo uno de ellos. Hoy busco vivir en Riqueza 360.

Tu visión y propósito se manifiestan, casi siempre, en un punto de inflexión en la vida, un espacio de tiempo que marca un antes y un después en nuestro camino. Creo que en mi caso ese momento de quiebre, ese punto de inflexión que lo cambió todo, fue mi abrupta salida de Bitso. Mi proceso de introspección y autoconocimiento se dio gracias a la ayahuasca, el viaje a la India, el sabático, incluso el nacimiento de mi primer proyecto de emprendimiento.

Para definir estos conceptos, te voy a platicar lo que yo mismo hago. A través de la vida he tenido la oportunidad de trabajar con grandes *coaches* profesionales y asistir a múltiples eventos de gente como Tony Robbins. Ellos me han brindado herramientas que me han ayudado a definir mi propia visión; aquí te las comparto.

Primero, reflexiona: ¿Cuál es hoy tu propósito? Si lo tienes identificado, bien, si no…, también está bien; aquí estamos para ayudarte. Para definir tu propósito te comparto algunas preguntas que yo mismo utilizo para definir y redefinir el mío. Estas pueden ayudarte a llegar a una respuesta más clara y, sobre todo, que tenga un sentido muy especial para ti.

Por ahí dicen que las únicas dos personas de quienes te debería importar lo que piensen de ti son tu niño de 8 años y tu viejito de 80. ¿Por qué dicen esto? Es muy sencillo: cuando eres niño sabes per-

8. VISIÓN | 147

fectamente quién eres y qué quieres, eres tú en tu más pura esencia; luego la vida se complica. Por el otro lado, a los 80 y cerca de tu lecho de muerte, nuevamente recuerdas nítidamente tu espíritu; es otro gran momento de rendición y de iluminación. ¡Por ello preguntarles su opinión es tan importante!

- ¿Quién debo ser para que mi niño de 8 años esté orgulloso de mí?
- ¿Quién debo ser para que mi viejo de 80 años esté orgulloso de mí?

Date un tiempo para reflexionar sobre estas dos preguntas. Escribe las respuestas y estúdialas a conciencia. Detrás de estas respuestas encontrarás la clave para definir una gran visión de tu vida y tu propósito. Ten estos momentos de reflexión profunda para definir qué quieres hacer con tu vida, cuál es ese propósito que te mantiene vivo.

*A veces las cosas deben
de ser creídas
para ser vistas.*

Anónimo

CAPÍTULO 9

Psicología

El dinero es un invento humano, es una tecnología que hemos desarrollado por miles de años. Uno de los libros que más han marcado mi manera de comprender al mundo y a la realidad es *Sapiens* de Yuval Noah Harari. En este libro, el autor nos explica cómo nuestra capacidad de contar historias nos ha permitido crear juegos que nos han ayudado a evolucionar tremendamente como sociedad. El dinero es un juego, pero es un juego que practicamos más de 8,000 millones de personas. Imagina su magnitud en comparación con otros juegos como "la religión", "las naciones estado"; aun cuando son historias superpotentes y poderosas, no cuentan con el número de seguidores o creyentes comparados con el dinero. En cambio, el dinero es un juego que jugamos absolutamente todos los seres humanos y, además, es un juego que no podemos permitirnos perder.

La psicología juega un rol fundamental en la vida de los seres humanos, un rol que desafortunadamente pocas veces es comprendido. En mi vida, por azares del destino, la psicología se hizo presente desde muy pequeño y terminé yendo con una gran terapeuta, quien fue una especie de segunda madre para mí. Por otro lado, terminé casándome con otra psicóloga. ¿Qué me querría enseñar el universo? Para mí la psicología es lo más relevante.

El juego del dinero no se gana en el terreno táctico ni en el técnico. No es tan importante saber de economía o dominar finanzas complejas. El verdadero triunfo en el juego del dinero se encuentra en el plano emocional y conductual. Para lograrlo, es esencial entender tus emociones y, sobre todo, tu relación con el dinero. El dinero actúa como un espejo poderoso de lo que sucede en tu vida. Como dijo Carl Jung: "Hasta que lo inconsciente no se haga consciente, dirigirá tu vida y lo llamarás destino". Esto aplica también al dinero; si no reconoces tu relación con él, será muy difícil que ganes el juego financiero.

No hay gran diferencia entre el alcoholismo y el comprador compulsivo: ambas son manifestaciones de la misma raíz emocional —una herida profunda en cuanto a valía y significado. Estas heridas suelen generar comportamientos patológicos cuyo objetivo es tapar el vacío del abandono. Si no comprendes lo que se oculta debajo de ese iceberg emocional, nunca podrás resolver tus problemas financieros y tropezarás una y otra vez con la misma piedra.

Un estudio realizado en Estados Unidos por la consultora Prince & Associates buscó comprender la efectividad de los planes financieros. Para ello, encuestaron a decenas de personas que habían pagado consultorías financieras con un valor promedio superior a los 10,000 dólares. El hallazgo fue sorprendente: solo 26.5% de los encuestados implementaron alguna de las recomendaciones. ¡Casi tres cuartas partes no hicieron nada con las sugerencias que recibieron!

Habiendo pagado decenas de miles de dólares encontraron la manera de autosabotearse. Increíble, pero cierto. Nuestro inconsciente nos domina, y si no llegamos a entender nuestra relación con el dinero, nunca podremos ganar este juego.

9. PSICOLOGÍA | 153

Uno de mis más grandes aprendizajes en la vida ha sido comprender las necesidades humanas. Por ello he estudiado e invertido mucho en mi propio desarrollo personal. Tony Robbins establece seis necesidades humanas que están presentes en todos nosotros. Alguna de estas es más predominante en cada persona y las seis necesidades están divididas en dos grupos: las necesidades del alma y las necesidades del ego. La lista completa es la siguiente:

Necesidades del ego:
Certeza / Seguridad
Variedad / Pasión
Reconocimiento
Conexión / Amor

Necesidades del alma:
Crecimiento
Contribución

Platiquemos brevemente de cada una de estas, serán fundamentales para que comprendas tu relación con el dinero.

Certeza / Seguridad

Nuestra primera necesidad es sentir certeza y seguridad, saber qué ocurrirá en nuestra vida. Esta necesidad básica está relacionada con el instinto de supervivencia. Todos necesitamos un cierto nivel de certeza, aunque esta varía según la percepción que tengamos de la misma en nuestras vidas. Inicialmente necesitamos la certeza de tener un techo, comida y la capacidad de sobrevivir. Después, buscamos la certeza de poder relacionarnos con otros, tener amigos, una pareja, etc. También podemos necesitar la certeza de que nos irá bien en el trabajo. Aunque cada persona tiene diferentes niveles de necesidad de certeza, todos requerimos en alguna medida de ella.

¿Cómo satisfacemos nuestra necesidad de certeza?

Existen diversas maneras de satisfacer nuestra necesidad de certeza: evitando riesgos, teniendo un plan B, asegurando un trabajo estable, manteniendo una rutina, a través de la religión o la fe, confiando en nosotros, trabajando arduamente, ahorrando dinero, evitando relaciones inciertas, fumando, comiendo en exceso u otras adicciones, anticipando problemas o queriendo tener todo bajo control.

Buscar un cierto grado de certeza no es malo. El problema surge cuando un exceso de certeza nos lleva al aburrimiento y a una vida sin pasión, donde permanecemos continuamente en nuestra zona de confort y no asumimos riesgos para crecer. Según Robbins, la calidad de nuestra vida depende de cuánta incertidumbre podamos tolerar. Esto es cierto porque la certeza es una ilusión. Hagas lo que hagas, nunca tendrás 100% de certeza sobre lo que sucederá. La vida es impredecible y, aunque cierto grado de planificación está bien, querer tener todo bajo control puede impedirnos avanzar, ya que los grandes logros requieren grandes riesgos.

Para equilibrar esta necesidad existe la segunda necesidad: la necesidad de variedad.

Variedad / Pasión

Como mencioné, una vida completamente predecible resulta aburrida. Por eso, surge nuestra segunda necesidad humana: la necesidad de variedad. No importa cuánta certeza necesitemos, en algún momento vamos a desear un cambio. Aquí es donde las necesidades de certeza y variedad nos plantean un dilema, ya que necesitamos ambas, pero son opuestas: más variedad significa menos certeza y viceversa. Cada persona prefiere una combinación distinta. Algunos prefieren más variedad; otros, más certeza, y algunos buscan un equilibrio entre ambas.

9. PSICOLOGÍA | 155

Esta distinción influye enormemente en las decisiones que tomamos en nuestras vidas.

¿Cómo satisfacemos nuestra necesidad de variedad?

Podemos satisfacer nuestra necesidad de variedad de diversas maneras: buscando nuevas actividades o pasatiempos; haciendo cambios en nuestra vida como con un nuevo trabajo, nuevos amigos, una nueva pareja; mudándonos a una nueva ciudad o país; conociendo nuevas personas; viajando a diferentes lugares; probando diferentes comidas, y también a través de drogas u otras adicciones. La forma en que satisfacemos una necesidad puede ser constructiva o destructiva.

Reconocimiento

La tercera necesidad es sentirnos importantes, especiales y únicos. Para sentirnos reconocidos, necesitamos diferenciarnos de los demás en algún aspecto. Satisfacer esta necesidad implica enfocarnos en nosotros.

¿Cómo satisfacemos nuestra necesidad de reconocimiento?

Podemos satisfacer nuestra necesidad de reconocimiento de diversas maneras: formando parte de un grupo, logrando objetivos ambiciosos que no todos pueden alcanzar, resolviendo desafíos complejos, teniendo un trabajo que nos haga sentir importantes, a través de la religión, a través de la violencia, buscando lástima o culpa, o destacando en algún aspecto.

Todos necesitamos sentirnos importantes y únicos en cierto grado. Sin embargo, también necesitamos conexión con otras personas.

Aquí es donde surge la siguiente necesidad: la necesidad de conexión y amor.

Conexión / Amor

La cuarta necesidad es la de conexión y amor. Dependiendo del vínculo que tengamos con otra persona, podemos satisfacer la necesidad de conexión o de amor. Con un amigo podemos sentir conexión, mientras que con nuestra pareja podemos experimentar amor. Sin embargo, según Robbins, la mayoría de las personas se conforma con la conexión incluso en las relaciones de pareja, ya que para satisfacer la necesidad de amor debemos abrirnos completamente al otro, lo cual muchas personas evitan debido al alto riesgo que implica.

La necesidad de conexión y amor también crea un dilema con la necesidad de importancia. Para sentirnos importantes, únicos y especiales, debemos enfocarnos en nosotros, pero para satisfacer la necesidad de conexión y amor, debemos enfocarnos en el otro. Este dilema lleva a cada persona a buscar el equilibrio que le resulte más adecuado.

¿Cómo satisfacemos nuestra necesidad de conexión / amor?

Algunas maneras de satisfacer esta necesidad son: a través de una pareja, con la familia, con amigos, teniendo mascotas, dando a otras personas, a través del sexo o buscando la compasión de otros mediante grandes problemas.

Como mencioné, la manera en que satisfacemos una necesidad puede ser constructiva o destructiva. Esto es evidente en la necesidad de conexión y amor. Una persona con una alta necesidad de amor podría satisfacerla de manera constructiva a través de una relación de pareja. Sin embargo, algunas personas temen com-

9. PSICOLOGÍA | 157

prometerse completamente y optan por otras maneras de satisfacer esta necesidad, eligen relaciones ocasionales y superficiales, tener mascotas o, en el caso más destructivo, sentirse víctimas o desarrollar problemas para recibir afecto y compasión de otros. Esto puede ocurrir sin que nos demos cuenta. La mayoría de nuestros comportamientos, incluso los destructivos, tienen la intención de satisfacer alguna de nuestras necesidades.

Conocer esto puede ser muy valioso para entender la verdadera intención detrás de nuestras acciones y las de quienes nos rodean. Por ejemplo, cuando alguien se enoja porque no hicimos algo que esperaba, puede ser para recibir la atención que necesita y satisfacer su necesidad de amor. En este caso, darle a la otra persona la atención que necesita puede ser más importante que cumplir con lo que no hicimos. Si entendemos esto, tendremos formas más efectivas de resolver problemas y podremos influir en las personas de manera más adecuada.

Crecimiento

Todos necesitamos crecer en algún aspecto de nuestra vida. Lo que no crece decrece, y eventualmente muere; es el proceso natural de la vida. Podemos estar bien sin crecer durante un tiempo, pero tarde o temprano buscamos un cambio que nos lleve a algo mejor. Esta necesidad puede entrar en conflicto con la necesidad de certeza, ya que, para crecer, a menudo debemos abandonar la certeza y hacer algún cambio. La magnitud del cambio que realicemos dependerá de cuánta certeza necesitemos frente a cuánta variedad y crecimiento deseemos.

**¿Cómo satisfacemos nuestra necesidad
de crecimiento?**

Podemos hacerlo de diversas maneras: desafiándonos con objetivos ambiciosos, avanzando en cada etapa de nuestra vida, estudiando y aprendiendo, a través de nuestro trabajo, conociendo nuevas personas que nos impulsen a crecer, o con la ayuda de un *coach*, mentor o terapeuta.

Contribución

La última necesidad es la de contribuir más allá de nosotros mismos. Esta necesidad surge cuando nuestras necesidades más básicas ya están satisfechas. Para sentirnos realmente felices, buscamos de alguna manera satisfacer nuestra necesidad de contribuir.

¿Cómo satisfacemos nuestra necesidad de contribución?

Podemos realizarlo de varias formas: ayudando económicamente a personas necesitadas, trabajando en un lugar donde sientas que puedes hacer una diferencia, teniendo una pareja o familia, colaborando con amigos, teniendo un propósito dedicado al servicio, dedicando tiempo a una causa justa o ayudando a una fundación.

Satisfacción de necesidades a través de actividades

A través de una actividad determinada podemos satisfacer más de una necesidad. Por ejemplo, nuestro trabajo puede proporcionarnos certeza si es estable, ofrecernos variedad si realizamos tareas diferentes. Puede hacernos sentir importantes mediante el reconocimiento que recibimos cuando hacemos un buen trabajo. También puede ser una manera de conectar con otras personas, ayudarnos a crecer profesionalmente y personal, y, finalmente, ser una forma de contribuir con otros.

Lo mismo puede ocurrir en una relación de pareja. Podemos tener la certeza de que la persona con la que estamos nos amará y apoyará en momentos difíciles. Podemos experimentar variedad si hacemos cosas nuevas con frecuencia. Nuestra pareja puede hacernos sentir especiales y únicos, ser nuestra principal fuente de amor, ayudarnos a crecer incluso en los momentos difíciles y también ser una manera de contribuir con el otro.

Cómo las necesidades influyen en nuestro bienestar

Qué tan bien nos sintamos en el trabajo, con nuestra pareja o en cualquier área de nuestra vida dependerá de cómo estas áreas satisfacen nuestras necesidades. Según Robbins, si algo satisface tres o más de nuestras necesidades, podemos volvernos adictos a ello, sin importar si es constructivo o destructivo. Por eso muchas personas consumen drogas, ya que es una manera de satisfacer varias necesidades de manera inmediata: certeza de cambiar su estado emocional, variedad en cómo se sienten, sentirse únicos por un momento, incluso con conexión consigo mismos y con otros.

Estados emocionales y satisfacción de necesidades

Los estados emocionales negativos también pueden satisfacer nuestras necesidades. Una persona con depresión puede estar en este estado como una manera de obtener variedad y conexión con otras personas a través de la compasión.

Uso de necesidades humanas para motivación

Para motivarnos, podemos usar estas necesidades humanas y buscar cómo satisfacerlas en nuestra vida. Como mencioné, la mayoría de las personas tiende a valorar dos de estas necesidades principalmente. Esta elección determina cómo nos comportamos y cómo nos relacionamos con otros. Una persona que valora la certeza tomará decisiones diferentes a una que valora la variedad.

Como te podrás dar cuenta, comprender estas necesidades es fundamental en cualquier plano de nuestras vidas. Si lo hacemos es factible que hagamos consciente lo inconsciente. De lo contrario, básicamente estamos fritos. Lo que no se conoce no se puede mejorar.

El dinero es un gran espejo de estas necesidades. Tenerlo significa... ser; significa... poder. Y no tenerlo significa... no tener valía. Esa es la realidad. En mi propio proceso yo, inconscientemente, le di al dinero el poder de ser el termómetro que medía lo que yo valía. Y ese proceso emocional y psicológico de atribuir mi valor a la cantidad de dinero que tenía o era capaz de generar tiene que ver con mi propia infancia y mis heridas de guerra. Abandonado por mi padre, carente de cobijo, buscando el amor de mis padres y la valía en este mundo, utilicé el dinero como una vía para generar significado y sentirme querido por los demás. Así se definió mi relación con el dinero.

Mirando ambos lados del espectro, hoy puedo entender que quienes crecen en contextos de escasez económica en sus casas necesitan sentir la certeza y seguridad de tener dinero. Por el contrario, quienes vivieron una realidad opuesta, de derroche, por lo general lo usan para sentir reconocimiento.

Empieza a jugar el juego en la dirección correcta aplicando los siguientes principios:

1. Habla

Lo mejor que puedes hacer cuando no conoces algo es hablar todo lo que puedas acerca de eso. De hecho, no puedes mejorar nada que no conoces, y no puedes conocer nada de lo que no se habla. Por ello lo más importante para empezar a comprender las relaciones que tenemos con el dinero es hablar sobre él. Hablar de dinero produce incomodidad, a veces puede ser considerado una ofensa personal. Es incluso más tabú que el sexo cuando se trata de tener una conversación al respecto. Debemos empezar a romper este paradigma.

2. Conócete

¿Cómo te relacionas con el dinero? ¿Para qué te relacionas con el dinero de esa manera? Es una pregunta capaz de revelar información valiosa que se encuentra alojada en el inconsciente, porque la realidad es que mucha información está bajo el agua y no la conocemos.

Casi 80% de las decisiones que tomamos respecto al dinero son emocionales, mientras el 20% restante son asociadas al proceso financiero en sí mismo. Así que es importante hacerte consciente del nivel de intervención que tienen las emociones a la hora de tomar decisiones.

Para entender tu relación con el dinero debes analizar: ¿Cómo fue tu historia con el dinero?, ¿cuál fue el contexto en la casa donde creciste?, ¿qué narrativas te contaron?, ¿qué creencias tienes en relación con el dinero?, ¿cuál es tu miedo más grande respecto al dinero? Y esas creencias, ¿qué hábitos financieros dejaron en ti?

Tienes que entender todo esto, al igual que tus traumas, las huellas de abandono u otros aspectos que han marcado tu vida cuando vas a terapia, porque determinan tus acciones, tus relaciones y el éxito que puedas o no ir cosechando a lo largo del camino. Es importante que comprendas que tu relación con el dinero está influenciada por los eventos que has vivido a través del tiempo.

3. Actúa

Hay que actuar respecto al dinero, no tenerle miedo. Conozco a muchas personas que se incomodan al ver su estado de cuenta. Les es difícil tomar decisiones respecto al dinero, ya que muchas de las acciones que emprendemos derivan de nuestras emociones. Pero el juego del dinero no se gana nada más centrando nuestra atención en el dinero. Cuando digo "actúa", me refiero a un término mucho más holístico. Me refiero a impactar tus finanzas y tu relación con el dinero desde tus motivaciones más humanas y aspiracionales. Es decir, ¿qué tal gastar dinero para crecer como ser humano, como persona, no para impresionar? Si te enfocas en construir algo de impacto para tu familia, para servir a los demás, algo más grande que el propio dinero, entonces probablemente el dinero llegará como consecuencia. Por muchos años de mi vida mi único propósito respecto al dinero fue la acumulación; hoy es todo lo contrario. Me doy cuenta de que, si sirves al mundo, el mundo te recompensará. Esto no solo te puede ayudar a ganar el juego del dinero de forma táctica y estratégica, sino que pensar de esta forma también te ayudará a empezar a sanar psicológica y emocionalmente tu relación con el dinero. Si cosechas éxito financiero sin plenitud o trascendencia, te darás cuenta más adelante de que, en realidad, no has ganado nada. Ser feliz es el juego que realmente importa. Entonces, actúa conforme a ello.

*El riesgo viene de no saber
lo que estás haciendo.*

Warren Buffett

CAPÍTULO 10

Finanzas

Yo tuve la fortuna de crecer en el seno de una familia empresarial. Mi abuelo, Enrique Morodo, fundó una de las mayores empresas de papel en México: Morysan. Tenerlo de ejemplo creó en mí una vena emprendedora que me ayudó a comprender la manera de generar riqueza.

A través de la historia han existido múltiples empresarios e inversionistas exitosos que han decodificado muchos secretos de la riqueza. Robert Kiyosaki es uno de los más reconocidos en esta materia y, mediante la concepción de los principios que plasma en su libro *Padre Rico, Padre Pobre*, hace eco al concepto fundamental detrás de las finanzas: el dinero trabaja para él y no al revés. Para entender estos principios, requieres de una educación financiera que te permita identificar las oportunidades, manejar el riesgo y optimizar los resultados.

Pero, antes de entrar con detalle sobre cómo crear o generar dinero, primero sitúate en tu realidad al reflexionar sobre las respuestas a las siguientes cuatro preguntas:

1. ¿Cuál es tu principal fuente de ingresos actualmente?
2. ¿Qué otros ingresos podrías tener?
3. ¿Qué egresos tienes?
4. ¿Qué egresos podrías cortar?

Es importante tener claras estas cuatro interrogantes para situarnos en un lugar antes de ir hacia cualquier dirección, pero más importante es comprender que no podemos esperar resultados distintos haciendo las cosas de la misma manera. Una vez que entendiste que hay que empezar a hacer cosas distintas, entonces, ¿por dónde empezar?

Hay que empezar por el principio, comprender los elementos básicos de las finanzas. En este sentido, hay que ponernos la cachucha de CFO de nuestra vida y de nuestro hogar. El CFO es el *Chief Financial Officer* o director de finanzas de las grandes empresas. Si las empresas tienen un director financiero, también lo deberíamos de tener en casa. Si bien los CFO tienden a ser personas muy sofisticadas, y probablemente sea complejo desarrollar todos esos *skills*, hay ciertos conceptos fundamentales que debes de comprender.

Estos conceptos están comprendidos en los estados financieros.

¿Qué son los estados financieros?

Los estados financieros son documentos que proporcionan una visión detallada de la salud y desempeño financiero de una empresa. Son esenciales para propietarios de negocios, inversores, analistas y otros interesados, ya que ofrecen información crucial para la toma de decisiones financieras. Los principales estados financieros son:

1. Estado de resultados: este estado muestra el rendimiento financiero de la empresa durante un periodo específico, generalmente un trimestre o un año. Indica si la empresa ha tenido ganancias o pérdidas, presentando:

Ingresos: el dinero ganado por la empresa a través de sus operaciones.

Gastos: los costos incurridos en la generación de ingresos.

Utilidad neta: la diferencia entre ingresos y gastos, mostrando la ganancia o pérdida neta.

2. Balance general: es una instantánea de la situación financiera de la empresa en un momento determinado. Muestra lo que la empresa posee y debe, y la diferencia entre ambos:

Activos: lo que la empresa posee (dinero en efectivo, cuentas por cobrar, inventarios, propiedades).

Pasivos: lo que la empresa debe (deudas, cuentas por pagar, préstamos).

Patrimonio: la diferencia entre los activos y pasivos, representando el valor neto de la empresa.

3. Estado de flujo de efectivo: este estado detalla cómo el dinero entra y sale de la empresa durante un periodo específico. Está dividido en tres secciones:

Actividades de operación: flujos de efectivo relacionados con las operaciones principales del negocio.

Actividades de inversión: flujos de efectivo relacionados con la compra y venta de activos a largo plazo.

Actividades de financiamiento: flujos de efectivo relacionados con la obtención y reembolso de fondos, como préstamos y emisión de acciones.

4. Estado de cambios en el patrimonio: este estado muestra cómo han cambiado los fondos propios de la empresa durante un periodo. Incluye:

1. Inversiones adicionales de los propietarios.
2. Distribuciones a los propietarios.
3. Utilidades retenidas: ganancias acumuladas que no se han distribuido a los propietarios.

Importancia de los estados financieros

Los estados financieros son cruciales porque permiten a las partes interesadas evaluar la situación financiera de la empresa, su rendimiento y su capacidad para generar efectivo y cumplir con sus obligaciones. Proveen una base sólida para:

1. Tomar decisiones de inversión.
2. Evaluar la eficiencia operativa.
3. Planificar el crecimiento futuro.
4. Obtener financiamiento.

En resumen, los estados financieros ofrecen una vista integral de la salud financiera de una empresa, facilitando la toma de decisiones informadas y estratégicas.

Para simplificar y atender lo que es verdaderamente relevante en la vida diaria, nos vamos a enfocar en el estado de resultados y en el balance general. Dentro de estos informes vamos a centrar la atención en lo más importante que debes de comprender en este sentido: los activos generan ingresos y los pasivos generan gastos. Si bien esta no es la definición estrictamente contable (si eres contador tendrás que abrir un poco la mente), es imperativo que comprendas esta diferencia.

Kiyosaki nos menciona en su libro las diferencias que hay entre "el padre rico" y "el padre pobre" en sus decisiones y en sus finanzas, como puedes observar en sus diagramas:

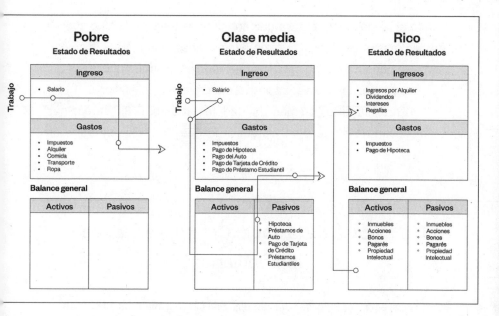

En pocas palabras, hay que tener estados financieros que se parezcan más a los del padre rico que a los del padre pobre.

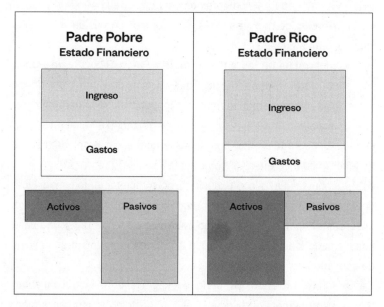

El concepto más importante que debes de comprender es que hay que acumular activos y evitar los pasivos. Muchas veces estamos practicando el juego incorrecto, ya que compramos "pasivos" como coches de lujo, casas de campo y otros gastos innecesarios para "parecer" rico, y lo que en realidad estamos haciendo es destruir riqueza.

La riqueza no se ve. La verdadera riqueza es silenciosa.

Para ilustrarlo con más claridad, te narró estas 3 historias que ejemplifican de manera muy práctica lo que Kiyosaki comparte en su libro.

Historia 1:
"La casa de la abuela y las inversiones inmobiliarias"

Carlos está sentado con su abuela, platicando, mientras toman un chocolate caliente en el patio de la casa. La conversación gira hacia los bienes raíces. Su abuela, que siempre ha sido muy ahorradora, le dice: "Mijo, tu papá y yo compramos esta casa hace 40 años y fue la mejor inversión de nuestras vidas. La pagamos con esfuerzo, pero al final del día es nuestra."

Carlos recuerda las enseñanzas de *Padre Rico, Padre Pobre*. "Sí, abue, pero, ¿sabes? El tío Eduardo dice que una casa donde vives no es necesariamente una inversión, porque no te genera ingresos. Es más bien un pasivo, tal vez sigues gastando en ella. Invertir en bienes raíces es diferente, porque deberías buscar propiedades que te generen flujo de efectivo, como rentas."

La abuela lo mira con curiosidad, no completamente convencida, pero también interesada en la idea. "Bueno, mijo, quizás tú puedas enseñarme a pensar de otra manera. Yo sólo sé que tener una casa nos dio seguridad. Pero eso de que te paguen renta mientras tú vives de eso, suena bien".

Carlos sonríe, sabiendo que, aunque respeta la forma en que su abuela y su papá manejaron el dinero, él está decidido a adoptar la mentalidad de "padre rico" que le enseña a construir activos que trabajen para él.

Historia 2:
"El dilema del aguinaldo"

Es diciembre y Luis acaba de recibir su aguinaldo. Como cada año, su padre le da el mismo consejo: "Guárdalo bien, hijo. Nunca sabes cuándo vas a necesitar ese dinero para una emergencia".

Luis, sin embargo, recuerda la conversación que tuvo con su amigo Rodrigo, un apasionado de las inversiones. Rodrigo siempre está buscando formas de hacer crecer su dinero, y recientemente le habló de invertir en CETES o en acciones a largo plazo. Luis piensa en lo que leyó en Padre Rico, Padre Pobre: "El dinero o te controla o lo controlas."

Mientras su padre sigue hablando de lo importante que es ahorrar "por si acaso", Luis reflexiona. Su papá, aunque es responsable y prudente, sigue la mentalidad del "padre pobre": ahorrar como una forma de protección. Rodrigo, por otro lado, encarna la mentalidad del "padre rico": invertir para que el dinero trabaje para ti.

Esa noche, Luis toma una decisión. En lugar de guardar todo su aguinaldo en una cuenta de ahorros, destina una parte a un fondo de inversión. Piensa que este es el primer paso para empezar a cambiar su relación con el dinero y adoptar una mentalidad de "padre rico."

Historia 3:
"El coche nuevo o la libertad financiera"

Andrea está emocionada. Acaba de recibir una oferta para comprar un coche nuevo a plazos con una tasa de interés baja. El coche es su sueño: un SUV moderno, con todos los lujos. Se lo cuenta a su mejor amiga, Fernanda, mientras toman un café.

"¡Es una oportunidad increíble! Además, ya me cansé de mi coche viejo", le dice Andrea con una sonrisa de oreja a oreja.

Fernanda, quien ha estado estudiando sobre inversiones, le responde: "Suena genial, pero, ¿ya pensaste en lo que significa comprar un coche nuevo? Es un pasivo, no un activo. Kiyosaki habla mucho sobre eso. No te va a generar dinero, al contrario, vas a estar gastando en pagos, gasolina y mantenimiento"

Andrea se detiene un momento a pensar. "Pero necesito un coche mejor..."

Fernanda sonríe. "Yo lo sé. Pero imagínate esto: si en lugar de destinar ese dinero a un coche nuevo, lo inviertes en algo que te genere ingresos pasivos, en unos años podrías comprarte ese coche sin tener que preocuparte por los pagos. ¿Qué tal si inviertes en acciones de Tesla? El mercado de autos eléctricos está creciendo, y en el futuro podrías beneficiarte de esas ganancias".

Andrea nunca lo había visto de esa forma. En su familia siempre le dijeron que comprar un coche nuevo era una señal de éxito. Pero ahora, escuchando a Fernanda y recordando lo que leyó en *Padre Rico, Padre Pobre*, entiende que la verdadera libertad financiera no está en las cosas materiales, sino en los activos que te generan ingresos.

Finalmente, decide postergar la compra del coche y destinar el dinero que iba a usar para el enganche en acciones de Tesla. Sabe que al principio será difícil resistir la tentación de tener el SUV de sus sueños, pero está convencida de que invertir en su futuro será mucho más valioso a largo plazo.

Las palancas de la riqueza

Ahora, de nada sirve hablar hipotéticamente del dinero si no lo tenemos. Para eso hay que aprender a crearlo y también a ahorrarlo. Por ello es importante comprender las palancas de la riqueza.

"Dame una palanca y moveré al mundo", decía Arquímedes, porque las palancas nos permiten mover objetos extremadamente pe-

10. FINANZAS | 175

sados usando la fuerza de la física. El dinero no está exento de esta realidad y principio. En su contexto, dichas palancas son cuatro principios a través de los cuales puedes acelerar tus ingresos financieros.

La primera palanca es el **capital**. Esta ha sido una de las mayores herramientas históricas para generar riqueza. A modo de ejemplo, si tienes dinero y lo inviertes en un proyecto productivo, sea una fábrica, una máquina, un producto, un servicio u otro, y el proyecto es exitoso, probablemente tendrás una ganancia. Supongamos que le inyectas 100 dólares a ese emprendimiento y te genera 120 dólares, lo que te deja con 20 dólares de utilidad. Ese dinero lo reinviertes y repites el proceso más y más veces. Con el tiempo ese proceso te puede dejar mucho dinero.

Los grandes empresarios del siglo XIX construyeron sus fábricas e industrias mediante el capital, mediante riquezas construidas en el tiempo. Por mucho tiempo el capital ha sido una de las mayores palancas para generar riqueza.

El **empleo** es la segunda palanca. El poder de convencer a personas de colaborar contigo, de que te den su tiempo y de que tú a cambio les des dinero para que te ayuden a producir y vender tus bienes y/o servicios es el mecanismo de creación de riqueza que ha catalizado nuestro desarrollo como humanidad desde hace ya varios siglos. Por eso es que hoy en día como parte de la cadena de valor existen macroempresas que tienen cientos de miles de empleados, como Walmart o Amazon (**se apalancan del empleo**), y gigantescos fondos de inversión como Berkshire Hathaway, perteneciente al gran inversionista Warren Buffett, con decenas de miles de millones de dólares invertidos en estas empresas (**se apalancan del capital**) para generar mucho más dinero.

Por eso es que, de la lista de millonarios de *Forbes*, el 100% son inversionistas que usaron el capital y empresarios que usaron el empleo para crear su fortuna. Como mencioné en el capítulo 7, en esa lista no hay artistas, atletas, empleados o cualquier otra profesión. Únicamente empresarios e inversionistas, incluso los empresarios están ahí por el valor de las acciones de sus empresas.

El *software* ocupa la tercera posición de apalancamiento y su poder en este sistema de palancas es algo increíble porque a través de la tecnología te permite generar ingresos permanentemente, incluso mientras duermes. Un ejemplo son las aplicaciones en el celular, que van desde un simple juego hasta un programa para usos más sofisticados. Puedes diseñar y construir este tipo de recursos una vez y luego venderlos a millones de personas por un par de dólares al mes. Todas las grandes empresas de tecnología como Apple, Airbnb, Facebook, Spotify, Google, Uber, entre otras, son una clara representación de cómo la tecnología y el *software* puede generar grandes riquezas. Hasta la década de los años 80, las grandes fortunas del mundo estaban en el petróleo, no fue sino hasta finales de los años 90 y los 2000 que la tecnología empezó a ganar terreno como uno de los principales generadores de riqueza en el mundo. Lo mejor de todo es que este tipo de tecnología se construye una sola vez y se puede vender de manera infinita. No come, no duerme y trabaja incansablemente, lo cual quiere decir que sus costos marginales son básicamente cero. Esta es una de las razones de por qué Airbnb, que no tiene un solo hotel, vale mucho más que la cadena Hilton que tiene más de 7,000 hoteles. Todas estas empresas mediante la tecnología generan muchísimo valor y tú puedes ser parte de estas corrientes, porque eres capaz de crear lo que quieras. Las herramientas que existen, inclusive las *No-Code*, son bastante eficientes para que generes distintos programas, y ellos, a su vez, generen ingresos por sí mismos. Ahora con el *boom* de la inteligencia artificial será posible generar código y por ende *software* de alta calidad sin la necesidad de ser ingeniero. Esta propiedad de la IA será un democratizador del código y por ende del *software*, con lo cual seguramente veremos una nueva ola de riqueza en el mundo. Tú puedes ser uno de ellos.

El poder de los **medios digitales** es el cuarto elemento que completa las palancas. El acceso a internet ha generado la prolifera-

10. FINANZAS | 177

ción de comunicadores y creadores digitales que generan millones de dólares al año a través de sus iniciativas. Mi gran amigo Oso Trava es un ejemplo de ello. Empezó su trayectoria en los medios digitales a través de su podcast *Cracks*, en el cual comparte las historias de personas extraordinarias. De esta manera se ha colocado como el podcast número uno de negocios en Latinoamérica, generando millones de reproducciones. Oso graba y edita el podcast una sola vez y se reproduce cientos de miles de veces todos los meses. Las personas que lo escuchan buscan herramientas para ser *cracks* también. Con este insight Oso ha generado múltiples iniciativas digitales y presenciales, como lo son sus programas Achievers, Business Masters Live, Cracks Summit y Cracks Mastermind, ayudando a miles de personas a tener una vida de *cracks*. Por cierto, he tenido la fortuna de estar muy cerca de Oso y de ser miembro de Cracks Mastermind los últimos años y me ha cambiado la vida, he conocido amigos entrañables y me ha ayudado a ser mi mejor versión.

El poder de comunicación y distribución que tenemos a través de las redes sociales es impresionante. A partir de generar una pieza de contenido que puede ser un podcast, *newsletter* o hasta un *reel*, podemos llevar un mensaje a millones de personas. Tú también lo puedes hacer. Ejemplos hay muchos, como Joe Rogan que tiene el podcast más escuchado a nivel global, y el fenómeno de MrBeast quien tiene más de 300 millones de suscriptores en su canal de YouTube. El contenido en medios digitales es oro molido, son maquinitas que producen dinero, y cualquiera que se lo proponga, incluyéndote a ti…, también puede generar riqueza a través de esta palanca de medios digitales.

Tienes que empezar a configurar tu cerebro en torno a estos cuatro mecanismos para apalancar tu modelo de negocios, dándole a la sociedad lo que quiere, pero que aún no sabe cómo encontrarlo. Así es como yo mismo he aprendido a generar riqueza a través del tiempo.

Además de utilizar y potenciar estos cuatro principios, puedes incluir un nuevo elemento en la ecuación: reducir el gasto de manera inteligente. Este tema resulta muchas veces controversial, porque muchas posturas propician la frugalidad, generalmente el costo es muy alto y parece que debes sacrificar el presente. Por lo mismo nunca me he suscrito mucho a estas herramientas. A mí me gusta el *framework* de *Conscious Spending Plan* (Plan de Gastos Conscientes), un modelo que se enfoca en gastar de manera consciente. Este *framework* me encanta, pues su base es que te puedas dar tus "lujos" en los temas que te apasionan, pero ser muy frugal e inteligente en todo lo demás.

Se basa en destinar 60% de tus ingresos a tus gastos fijos: renta, hipoteca, súper, escuela, ropa y demás cosas que necesitas para vivir y que cubran tus necesidades básicas. Otro 10% debe ser dirigido al ahorro de emergencia. Ahora sí, destina 10% para inversiones a largo plazo: acciones, ETF, cripto, planes de pensión, etc. El 20% restante es de gasto sin culpa. Sí, tal cual como lo estás leyendo. Úsalo libremente para tus gastos personales y gustos, allí… es donde está la magia. No se trata de despilfarrar, pero sí de darte regalos que son importantes para ti, tu familia y estilo de vida.

No necesitas ser extremista, no necesitas gastar todo ni ser frugal por completo. Y aquí es donde está el equilibrio de las cosas, siempre tomando en consideración lo que es importante para ti en ambos lados de la balanza. Nuevamente, el juego es optimizar tu felicidad a través de la riqueza.

Si puedes comer en casa versus comer afuera, eso te va a ayudar. Pero si te gusta comer afuera, porque te encantan los restaurantes, eso también está bien. Si te gustan los bolsos porque son parte de tu personalidad, no tienes por qué reprochártelo. Siempre recuerda que cuentas con 20% de tus ingresos, sintiéndote tranquilo, porque, en contraposición, también estás ahorrando 20%. Ambas variables en el espectro se encuentran en igualdad de condiciones.

Si comprendes las bases de las finanzas puedes ser el CFO de tu vida y un verdadero creador de riqueza.

El mayor riesgo es no arriesgarse.

Mark Zuckerberg

CAPÍTULO 11

Inversión

JAVIER MORODO

L a verdadera definición de riqueza financiera es que tus ingresos pasivos superen a tus gastos. De esta manera puedes mantener tu estilo de vida, literalmente mientras duermes. Por eso, aprender a invertir es esencial en la vida. Solo así se puede alcanzar la libertad financiera.

Tuve la suerte de aprender de los mejores desde joven. GBM y Bitso fueron excelentes escuelas de inversión. Aprendí la teoría del valor y también descubrí el poder de las tecnologías disruptivas. Gracias a estos conocimientos, he construido un patrimonio que me brinda estabilidad y seguridad financiera a través del ingreso pasivo que generan mis inversiones.

En mi vida, solo una vez tuve un crédito automotriz cuando recién comenzaba mi carrera profesional. Desde entonces he vivido libre de deudas, porque entiendo que quien conoce el interés compuesto y lo utiliza a su favor, se beneficia; pero quien lo desconoce y lo ignora, lo termina pagando.

Comprender el juego del dinero ha sido clave para escribir nuevas páginas en la historia de mi vida, páginas que hoy comparto contigo para que también formen parte de tu historia.

La gente que está ganando el juego del dinero lo gana a través de la inversión. Y ese es un asunto netamente táctico. De allí que mi *podcast* haga alusión a que hacer dinero no es magia negra. Estoy convencido de que hacer dinero es una ciencia y se puede aprender.

La inversión es la única —recalco única— manera realista de lograr un patrimonio importante.

La mayoría de la gente piensa que invertir es un deporte exclusivo de ricos. Y no, no es así. Ahí está el problema. Es un deporte de ricos porque justo es la manera en que la gente se hace más rica. Y la gente no puede ser rica si no entiende que no puede rentar su tiempo a cambio de dinero. Debes comprar activos con el dinero que generas con tu tiempo y después esos activos te ayudarán a ganar tiempo. Por tanto, la riqueza máxima es, en esencia, el tiempo: el tiempo de calidad que tienes. El tiempo es nuestro recurso más escaso y el tiempo no es reembolsable.

Los dos factores más importantes y determinantes para ganar el juego del dinero invirtiendo son:

1. El interés compuesto.
2. El largo plazo.

La realidad es que estos dos mecanismos en conjunto hacen toda la maravilla. Y te aseguro que no necesitas cantidades astronómicas de dinero, siempre y cuando seas constante y todos los meses inviertas de manera consistente.

Sé que suena sencillo, pero lo cierto es que a la mayoría de las personas le cuesta trabajo comprender las inversiones, mientras la realidad es que no tienen mucha ciencia. Los mercados financieros han sido el mayor generador de riqueza en el mundo:

11. INVERSIÓN | 185

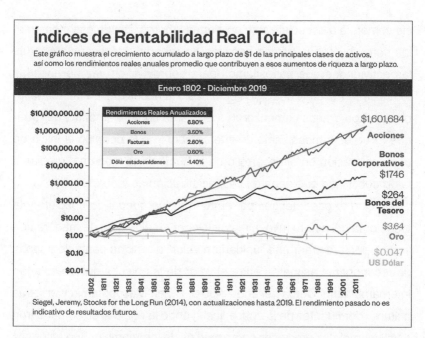

Por otro lado, el dinero en efectivo pierde valor todos los días. El famoso efecto que conocemos como la inflación se "come" estos ahorros de manera relevante. El dólar americano ha perdido 97% de su valor en los últimos 100 años. Si antes podías comprar 100 plátanos con 1 dólar, hoy únicamente te alcanza para comprar 3.

Hablemos de dinero y comencemos por la pregunta obvia: ¿Qué es el dinero? Parecería absurdo hacernos esta pregunta, ya que el dinero es algo que conocemos de toda la vida y con lo que convivimos diariamente. Sin embargo, pocas veces nos ponemos a reflexionar sobre la verdad detrás de este concepto. Empecemos por entender su historia. El dinero es una invención humana que se volvió indispensable una vez que surgió la agricultura cerca del año 10,000 a. C. Previamente, cuando los humanos éramos nómadas, estábamos acostumbrados a ser *multitask*, haciendo todas las labores nosotros: cazar, recolectar, criar, sobrevivir.

Pero con el invento de la agricultura, que es quizás la tecnología más revolucionaria en toda la historia de la humanidad, nuestra especie comenzó a especializarse en ciertas labores. Desde ese momento, los seres humanos fuimos capaces de repartir colectivamente todas las actividades que necesitamos para sobrevivir en vez de hacerlas todas de forma individual. Con esto nació la necesidad de intercambiar bienes. Los granos comenzaron a utilizarse como elementos de "trueque". Fue este mecanismo de intercambio lo que permitió el inicio de una aceleración en el desarrollo de la humanidad moderna, gracias a la productividad que generó la especialización de labores.

Con el paso del tiempo, el trueque fue quedando obsoleto y la tecnología del dinero tuvo que evolucionar en algo que, de manera universal, pudiera crear una "unidad de valor" o "unidad contable", capaz de reconocer la asimetría entre el valor de los bienes que se estaban intercambiando. Cerca del año 2,500 a. C., en Mesopotamia y en otras culturas dominantes de la época, incluyendo la egipcia, se comenzaron a utilizar metales preciosos como medios de intercambio. Fue entonces cuando se estableció su uso como medio de pago, incluso el concepto del dinero se concretó en la sociedad civil mediante códigos legales antiguos, como el famoso Código de Hammurabi de 1,760 a. C. Babilonia y Mesopotamia fueron las primeras civilizaciones en establecer una economía basada en el comercio-mercancía a gran escala. A su vez, se establecieron muchas leyes y contratos sociales para proteger la propiedad privada y las prácticas comerciales que le dieran orden y cauce a un modelo que sigue vigente hoy en día.

Las primeras monedas acuñadas con carácter oficial surgen en Lidia (hoy Turquía) cerca del año 600 a. C. Después, las monedas proliferaron rápidamente en todos los países entonces desarrollados del mundo y fueron adoptadas como estándares de comercio global. El papel moneda se fue haciendo popular a lo largo del siglo XVIII, pero seguía siendo dinero crediticio que se emitía para respaldar los depósitos de oro o plata.

A finales del siglo XIX, se creó el patrón oro a nivel internacional. En él, todas las monedas podían intercambiarse por oro y el valor del

11. INVERSIÓN | 187

dinero estaba fijado por la paridad de la moneda con este metal. Este sistema fue respaldado por la escasez del oro. Hay muchas corrientes de pensamiento económicas, principalmente la de los llamados economistas austriacos, que en la actualidad siguen argumentando que esta es la mejor forma de dinero. Pero, durante la Primera Guerra Mundial, casi todos los gobiernos suspendieron la convertibilidad de sus monedas al oro debido a la necesidad de financiar la guerra que estaban cursando. Esto hizo que fuera imposible mantener la paridad con el oro.

Reino Unido fue el primer país en abandonar el estándar de oro en 1931. La paridad con el metal precioso se perdió por completo en 1971, cuando Estados Unidos dejó atrás el acuerdo de Bretton Woods. Desde ese momento el dinero dejó de ser fiduciario (dinero con respaldo, es decir, el que representa un valor atesorado —en este caso oro— por el gobierno que lo imprime) y pasó a ser dinero *fiat* (dinero sin respaldo tangible, que tan solo tiene un valor atribuido por convenio).

Aquí quiero tomarme una pausa para explicarles al personaje más relevante de la historia monetaria moderna: el dinero *fiat*. El término viene del latín, *fiat* significa "hágase" o "que así sea". Tiene ese nombre porque existe por decreto, por orden de la autoridad que gobierna. No se puede cambiar por oro y no tiene un respaldo.

A partir de ese momento en la historia, entramos a una era en donde el dinero es un contrato social basado únicamente en la percepción del valor que existe detrás de un gobierno o un país. Es una "ficción" o creencia social y se establece puramente por dinámicas de mercado: oferta y demanda. A partir de entonces, el valor del dólar, medido por su poder adquisitivo, ha caído más de 84%, mientras el valor del oro medido en dólares ha incrementado casi 50 veces en el mismo periodo. Estos datos dejan claro que el dinero *fiat* no es buen resguardo de valor. (En caso de que tengas tus ahorros en dinero *fiat* sin invertir, te recomiendo buscar opciones, ya que tu dinero todos los años vale menos. ¿Has escuchado hablar sobre la "inflación"?)

Otro dato curioso es que, desde que Richard Nixon rompió la paridad del oro con el dólar hace casi 50 años, la deuda de Estados Unidos ha incrementado de 1.7 billones de dólares a más de 72 billones; esto quiere decir que ha aumentado en más de 42 veces el tamaño de su deuda.

Con este contexto muy general, podemos entender cuáles son las razones de existir y las características principales del dinero, así como también identificar y deconstruir los mitos y realidades que existen a su alrededor. Por ejemplo, contrario a lo que se piensa, el dinero no está respaldado por algún otro bien; ni oro, ni petróleo, ni infraestructura, ni dólares (en el caso de las reservas internacionales de los países). El dinero tiene ya medio siglo sin tener ningún respaldo.

Lo que sí se ha mantenido constante a través del tiempo son las siguientes funciones que tiene el dinero:

1. Resguardo de valor
2. Unidad contable
3. Medio de intercambio

Con esto dicho, es claro que algunas formas de dinero son mejores para ciertas funciones y peores para otras. Y sobre todo nos ayuda a entender que podemos tener diferentes tipos de dinero para distintos usos que queramos darle al mismo. El concepto del dinero es mucho más amplio de lo que solemos considerar. El dinero no es un concepto único; no es dinero, singular, sino *dineros*, plural. Estos distintos tipos de dinero pueden convivir y no son mutuamente excluyentes.

Tal vez, lo más funcional para intercambiar bienes y servicios por el momento sean las monedas *fiat* como el dólar, el euro o el peso, pero, por todo lo mencionado en este libro, seguramente no será la mejor opción para resguardar valor. Ahí podría haber otras opciones como el oro o el bitcoin (que de cierta forma es el oro moderno o digital) que han probado ser mejores preservando el valor a través del tiempo.

11. INVERSIÓN | 189

Lo que me queda claro es que el dinero no es más que un convencionalismo, una creencia popular que tenemos en común sobre un concepto que nos ha permitido especializarnos para dividir las labores que han generado el acelerado desarrollo de la humanidad. Pero también vale la pena reconocer su lado efímero; es decir, aquello que hoy consideramos "dinero" no necesariamente tendrá ese estatus en el futuro.

Comprendiendo su verdadera historia, de manera inevitable me surge una pregunta: ¿Cuál será el dinero del futuro? No pretendo tener la respuesta exacta, pero lo que sí sé es que no será el concepto con el que actualmente vivimos, lo cual me lleva a otra pregunta: ¿Acaso tenemos el mejor "dinero" para seguirnos desarrollando como humanidad?

Hoy en día el dólar americano sigue reinando en el mundo. Esto ocurre a pesar de que Estados Unidos imprime 14 mil millones de dólares al día, su déficit fiscal corresponde al 120% del PIB y la deuda supera los 35 trillones de dólares. Las cifras son astronómicas, aun cuando pagan 5% de intereses, más de 1 trillón de dólares al año.

Por esta razón es que de nada sirve guardar el dinero. Hay quien hasta lo entierra en su casa o lo guarda debajo del colchón por no pagar al fisco y le dan miedo los bancos o cualquier otra institución. Y hay gente un poco más educada financieramente que ahorra en dólares. Eso es un poquito mejor, pero está igual de mal porque, al final, el dinero no vale nada. Destruye la riqueza en el tiempo. Y tienes que pensarlo de esa forma. Si no lo estás invirtiendo, lo estás perdiendo, día a día. El dinero pierde valor; es como si lo estuvieras quemando poco a poco, billete a billete.

¿Qué hacer entonces? La respuesta es: invertir, invertir, invertir. ¿Invertir en dónde? ¿Qué tal empezar por invertir una parte en acciones de empresas que tú conoces y utilizas?

Entre 1997 y 2002, las acciones de Amazon salieron a la bolsa a 10 dólares; tan solo dos años después de haber cotizado en la bolsa, superó los 100 dólares; luego, claro, bajó 90% con la famosa bajada del *dot-com bubble*. Lo paradójico es que si alguien compró acciones en el IPO (Oferta Pública Inicial) ni ganó ni perdió en ese periodo de 4 años.

Pero muchos ganaron y otros perdieron, ya que algunos vendieron sus acciones apanicados ante la bajada del 2001.

Pero la historia no termina aquí. Amazon es una empresa que hoy vale más de un billón de dólares (*trillion* en inglés) y seguro te preguntarás cómo pudo estar 90% abajo. La respuesta se presta a la reflexión. Amazon ha tenido cinco ciclos en los que ha perdido más del 80% en el valor de la empresa. Pero después... algo sucedió (y esta es la verdadera revolución de la riqueza). El interés compuesto es el responsable, a veces nos cuesta trabajo imaginarlo, porque pensamos de manera lineal, pero estos sistemas se comportan de manera exponencial con la magia del interés compuesto. Después de esa bajada en la crisis, Amazon ha tenido un rendimiento por encima de 140,000%. ¡Una locura! Entonces, si hubieras invertido 1,000 dólares en el IPO (Oferta Pública), hoy tu dinero valdría más de 2.3 millones de dólares. Increíble, ¿no crees?

No es magia negra. Decía Einstein que "la fuerza más poderosa en el universo es el interés compuesto", tenía razón.

Pero se pone aún mejor si inviertes en el largo plazo. Fíjate en este ejemplo. Una persona A invierte en la bolsa 5,000 dólares anuales en un periodo de 10 años, desde los 25 hasta los 35 años; después no invierte más. Otra persona B invierte a partir de los 35 hasta los 65 años; es decir, invierte por 30 años. Las dos personas invierten a la misma tasa de interés (8% anual). La persona B invierte tres veces más capital que la persona A, pero su patrimonio al final del periodo es menor. Lo interesante es que empezar 10 años antes le permite a la persona A lograr un mayor patrimonio ¡habiendo invertido 1/3 parte del capital!

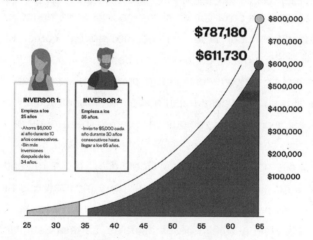

El interés compuesto significa que los intereses que se generan en cada periodo se suman al capital inicial y a los intereses anteriores, y así se calculan los nuevos intereses. Es decir, los intereses producen más intereses. Esto hace que el capital crezca de forma exponencial a largo plazo.

Si inviertes 1,000 dólares al 10% de interés compuesto anual, al cabo de un año tendrás 1,100 dólares, pero al cabo de dos años tendrás 1,210 dólares, porque el 10% se aplica sobre 1,100 y no sobre 1,000. En cambio, con el interés simple, el interés se aplica siempre sobre el capital inicial, y no se acumula.

¿Te das cuenta de que el interés compuesto es el camino?

Esta es la manera en que los grandes inversionistas han logrado su riqueza. Y lo mismo debes hacer con tu dinero: imitar a la gente que genera grandes patrimonios. Piensa y actúa como ellos.

Creo que el mayor de ellos es Warren Buffett, un referente icónico de nuestra era que construyó el 99% de su riqueza después de los 50 años de edad con la fuerza del interés compuesto. Empezó a invertir a los 14 años y hoy tiene 93. Son casi 80 años de interés compuesto ininterrumpido. Es más, regaló la mitad de su fortuna a la fundación de Bill Gates y aun así es de los hombres más ricos del mundo.

Muchos perciben la inversión como vanidad, como si fuera un deporte para ricos o algo de lo que se puede prescindir en la vida. Sin embargo, es uno de los temas más importantes para generar la libertad que necesitamos para desarrollarnos de manera individual y colectiva. Además, estoy convencido de que es el camino para lograr el bienestar y la evolución como sociedad.

Empecemos por los hechos. Como dije, , el dinero tiende a perder valor en el tiempo. Desde 1969, el peso mexicano se ha depreciado, medido por su poder adquisitivo, 99%. Un peso mexicano de entonces equivale a 10,223 pesos actuales. La tasa de inflación promedio anual en ese lapso fue de 19.85%. Si bien la inflación en México ha sido controlada durante los últimos años y hemos tenido periodos de estabilidad en las décadas recientes, el dinero pierde valor cada día que no está invertido.

La única manera de generar riqueza y libertad financiera es generando ingresos pasivos. El mejor camino para lograrlo, o por lo menos lo más simple si cuentas con un ahorro, es invirtiendo. No hay que darle muchas vueltas: invertir es simplemente poner a trabajar tu dinero. Que el dinero genere más dinero suena bien, así que, ¿por qué no lo harías?

La realidad sobre la inversión en México es muy distinta a lo que la lógica indica. Los datos no son nada alentadores: a marzo de 2020 se registraban 400 mil cuentas de inversión en casas de bolsa y 2.5

11. INVERSIÓN | 193

millones en operadoras de fondos. Aun juntando estas dos cifras, esto no llega a representar ni al 5% de la población adulta del país. Para ponerlo en contexto, en países como Estados Unidos, más del 60% de la población adulta invierte en la bolsa de valores. Diciéndolo de otra manera, 95% de los mexicanos ven cómo sus ahorros deprecian su valor en el tiempo ya que los tienen inmóviles en una cuenta de banco que no genera rendimientos o, peor aún, los guardan debajo del colchón.

¿Por qué ocurre esto en México? Vamos a analizar cuáles han sido las principales razones por las que la gente no invierte desde hace varias generaciones. Considero que podemos acotarlas a estos tres factores principales:

1. Falta de acceso. Históricamente se han pedido montos muy elevados de inversión inicial. Esto ocurría principalmente porque se creía indispensable la existencia de un asesor que armara portafolios de inversión a la medida. Sostener esta estructura de costos era muy caro para las instituciones, razón por la que se explica el monto mínimo de inversión elevado. De igual manera, no había suficientes productos o servicios de calidad que facilitaran el acceso a la inversión.

2. Productos complejos y difíciles de entender. Uno de los vicios de la industria es que se habla en un argot muy sofisticado, lo cual puede intimidar y alejar a la gente de los productos.

3. Cultura financiera. Ha sido la eterna culpable de la poca inclusión financiera que existe en el país de manera particular y en toda la región de Latinoamérica en general.

Si bien la influencia de estos factores ha sido innegable, cada vez hay más opciones accesibles para comenzar a invertir. Por mencionar algunas, existe Cetesdirecto, en donde puedes comprar Cetes desde 100 pesos. También está GBM+, en donde puedes invertir en Cetes, acciones o hasta en estrategias personalizadas de inversión desde 1,000 pesos. Briq te permite invertir en bienes raíces a partir de 10,000 pesos. En ArkAngeles puedes invertir en *startups* y en Bitso puedes comprar bitcoins sin monto mínimo. Afortunadamente, el internet ha permitido la creación de propuestas simples y accesibles en los últimos años.

Pero el mayor problema sigue siendo la percepción sobre estos temas y la falta de conciencia sobre la importancia de invertir. Desde mi punto de vista, el obstáculo principal no es la cultura financiera sino la estructura misma del sistema financiero, la cual no ha permitido que las inversiones en México tomen la relevancia que tienen en países desarrollados y que deberían de tener en nuestro país para impulsar el bienestar de todos los mexicanos.

A continuación, les explico mi opinión al respecto.

Entendamos el sistema financiero mexicano. Hay siete principales bancos en el país que tienen más del 90% de los usuarios bancarios y el 85% de la cartera crediticia del país. El modelo de negocio de los bancos es el crédito —y vaya que sí es un buen negocio—; en México, el ingreso del sector bancario por temas relacionados al crédito fue de más de 50 mil millones de dólares en 2019.

Quizá pienses: ¿Qué tiene que ver esto con la inversión? Resulta que los bancos, para prestar u ofrecer crédito, necesitan captar recursos o, dicho de otra manera, fondearse. Es aquí donde entran los ahorros que depositamos en los bancos. La gran mayoría de estos depósitos están en cuentas a la vista, que básicamente quiere decir que no generan intereses o que no pagan rendimiento sobre el ahorro. Según la Comisión Nacional Bancaria y de Valores, para junio de 2020 había más de 90 millones de cuentas bancarias a la vista y estas cuentas valían en conjunto más de 3.9 billones de pesos, que son cerca de 180 mil millones de dólares. Para ponerlo en perspectiva, el monto es similar a las reservas internacionales de México.

Así que, de que hay dinero, hay dinero. El problema es que los bancos lo utilizan para prestar. Ese dinero es el costo de fondeo de los bancos, razón por la cual ellos no tienen ningún incentivo para pagar una tasa de interés atractiva por él. Cada peso que paguen es un peso que ellos dejan de ganar. Así de fácil.

Si lo vemos del lado de la población, esto se vuelve aún más crítico. Si ese dinero estuviera invertido en Cetes, que es la tasa libre de riesgo, ese monto enorme estaría generando un patrimonio adicional para todos los mexicanos: casi 400 mil millones de pesos anuales. Son cerca de 4 mil pesos por mexicano al año o 6 mil por adulto. Y eso que estamos hablando del instrumento más simple y con menor riesgo del mercado.

Por cierto, hablando de riesgo y contrario a la percepción general, tener tus ahorros en el banco es mucho más riesgoso que tenerlos invertidos. Esto suena raro, ¿verdad? Aquí te cuento los hechos.

Para empezar, el dinero que tenemos en nuestra cuenta de banco no es realmente nuestro. Está en el balance de la institución bancaria, lo que significa que nosotros prestamos ese dinero al banco para que él sea quien lo preste. Si no me crees, lee las letras chiquitas del contrato que firmaste.

Suena raro pero la realidad es que el dinero que depositas en el banco no es tuyo. Existen riesgos en la quiebra de los bancos relacionados con tu dinero. No es nada más un riesgo latente; hace poco quebró un banco en México, Banco Famsa. Cuidado.

No sucede así en otras instituciones financieras, como pueden ser las casas de bolsa, ya que estas custodian tu dinero, lo cual quiere decir básicamente que es tuyo en todo momento y estas instituciones simplemente lo "resguardan" por ti.

Se ha vuelto un convencionalismo asociar a las inversiones con el riesgo, y a los bancos y al ahorro con la estabilidad. Sin embargo, la realidad de los números y los hechos es muy distinta. Es hora de romper todos los mitos y hacerle justicia al poder que tienen las inversiones en el desarrollo personal del individuo e integral de la sociedad. Los beneficios de las inversiones son exponenciales: de manera individual te ayudan a generar más ingresos que llevan hacia la libertad financiera, la cual, a gran escala, genera bienestar social.

Ahora, podemos ver el vaso medio lleno o medio vacío. No todo son malas noticias. Cada vez hay más acceso gracias a internet. Ya hay más de 20 millones de cuentas de banca móvil en el país y muchas opciones de inversión digitales desde montos iniciales muy pequeños. Hoy se estima que las cuentas de inversión del país ya superan los 10 millones, un avance astronómico en los últimos años.

También hay comunidades de inversión fuertes en redes sociales dispuestas a compartir información y conocimiento con todos. En redes sociales hay comunidades especialmente sólidas dirigidas por nuevos líderes de opinión, como Moris Dieck y mis queridos amigos de Mis Propias Finanzas, que constantemente están generando contenido de mucho valor alrededor de finanzas personales e inversiones.

Como verán, cada vez hay más acceso a productos, comunidades, líderes de opinión y servicios de inversión regulados y de calidad que abordan el tema de inclusión y cultura financiera. Todo esto es muy alentador, ya que el cambio tiene que venir de la gente, ese es el único camino, como lo ha sido históricamente con todos los avances que hemos tenido como humanidad. Invertir no es para expertos ni es un privilegio. Invertir es un derecho humano para todos.

Como miembros de la sociedad, somos responsables de promover este movimiento para generar conciencia sobre la importancia de invertir. Si coincides con esta visión, te invito a sumarte para cambiar nuestro contexto. Ya que somos el resultado de nuestras acciones, si podemos generar un cambio en nosotros mismos, imagínate el poder de escalarlo a toda la sociedad: desde nuestras casas hasta nuestras comunidades, nuestros colaboradores, nuestros amigos y,

11. INVERSIÓN | 197

¿por qué no?, el país entero, como dijeron por ahí: "Imaginemos cosas chingonas".

Inversión, inversión, inversión. Durante múltiples ocasiones hemos repetido esta palabra en esta sección. Ya exploramos cuál es la importancia de invertir y por qué en México no se ha fomentado esta opción financiera. Esta vez, finalmente seré práctico: voy a contarte cómo invertir.

Para empezar, hay que entender la importancia de la diversificación. Hay muchos tipos de activos, pero, aunque no son mutuamente excluyentes, una de las situaciones más comunes es que la gente invierta todo su dinero en un solo instrumento financiero. Esto suele ocurrir generalmente porque a la gente se le enseña desde casa o porque han decidido dedicarse a eso laboralmente. Es particularmente común en el sector de bienes raíces. Si bien la inversión en un solo tipo de activo puede ser relativamente rentable, estoy convencido de que un portafolio diversificado es una mejor opción.

Dicho esto, hay un universo muy amplio de activos financieros en los que podemos invertir para lograr nuestros objetivos. De manera general, podemos organizar a la gran mayoría en estos cuatro tipos:

1. Efectivo y equivalentes: divisas, depósitos a la vista, depósitos a plazo, Cetes, mercado de dinero, etcétera.

2. Deuda o renta fija: deuda del gobierno o corporativa, local o global.

3. Capital o renta variable: acciones o ETF, locales o globales.

4. Activos alternativos: commodities, bitcoin, bienes raíces, capital privado (private equity), inversión de riesgo (venture capital), arte.

Cada uno de estos tipos de activos tiene características distintas que es importante reconocer. La principal es su relación riesgo/rendimiento.

En este sentido, el efectivo y equivalentes tienen el menor riesgo y mayor liquidez. Esto quiere decir que es el activo más "seguro", pero también el que menos rendimiento te va a dejar en el tiempo. Por esta razón, este tipo de activos es recomendado únicamente para objetivos de muy corto plazo, como un fondo de emergencias o imprevistos. El ejemplo más claro son los Cetes.

La deuda o renta fija también suele ser relativamente estable, sobre todo la que está respaldada por el gobierno de países desarrollados o empresas corporativas globales con balances sólidos. Suele tener mayor duración, por lo que paga un "premio" contra el efectivo. Buenos ejemplos en este caso pueden ser los bonos M de 10 años del gobierno mexicano, o los bonos corporativos de empresas como Cemex o Femsa.

El mercado de capitales o renta variable es un instrumento de inversión que suele tener mayor volatilidad en el tiempo, pero que ha probado ser un gran instrumento de inversión medido por los retornos que ha generado en las últimas décadas. Aquí, la relación es mayor volatilidad, pero también mayor rendimiento. Una ventaja importante del mercado accionario es su liquidez, ya que opera los días hábiles y permite disponibilidad del dinero en 24 horas. Las acciones de Apple, que además es la empresa más grande del mundo por capitalización de mercado, son el mejor ejemplo.

Por último, el segmento de alternativos es donde se agrupa todo lo que queda fuera. Son el tipo de inversiones cuya principal característica es que no tienen mucha liquidez. Dentro de este segmento podemos encontrar activos como los bienes raíces, que es una opción relativamente conocida para muchas personas; los famosos bitcoins, que han sido muy disruptivos en los últimos años; el oro mismo, el capital privado y hasta el capital de riesgo, opciones que siguen estando muy

11. INVERSIÓN | 199

reservadas para grandes patrimonios mediante sofisticados vehículos de inversión. Últimamente han surgido varias opciones de inversión en este segmento de alternativos.

Una vez entendidos los tipos de activos, hay que tomar en cuenta lo siguiente:

1. Objetivos de inversión: lo primero es establecer tus objetivos, tomando en cuenta la importancia que tienen en tu vida. En la medida que un objetivo sea importante para ti, podrás crear un plan para lograrlo.

2. Plazo u horizonte: esto es probablemente lo más importante para establecer el tipo de activo en el que tienes que invertir. A mayor plazo, puedes tener activos con mayor volatilidad, ya que el tiempo disminuye el riesgo que la volatilidad tiene sobre las inversiones.

3. Tolerancia al riesgo: es importante reconocerla, pues, si bajan nuestras inversiones y no podemos dormir, probablemente no sea una gran idea. Además, entender nuestra tolerancia al riesgo nos va a permitir no tomar decisiones precipitadas si caemos en escenarios poco favorables.

4. Diversificación: como ya mencioné, es clave en las inversiones. Los cuatro tipos de activos financieros suelen estar poco correlacionados. Es decir, mientras unos suben, otros suelen bajar y viceversa. Esto hace que, con el tiempo, puedas crear portafolios que generen rendimientos pero que también te puedan cubrir en momentos de crisis. La diversificación disminuye la volatilidad y el riesgo de los portafolios.

5. Rebalanceos: es importante tomar en cuenta que, de manera periódica, es muy sano rebalancear los portafolios de inversión. Este concepto se refiere a que, dependiendo de si suben o bajan los valores dentro de tu portafolio de inversiones, pudieras estar sobre o subexpuesto con base en tu objetivo de inversión. Por eso se reco-

mienda que por lo menos una vez al año revises tus inversiones e intentes rebalancear el portafolio para mantener su distribución inicial.

Esta filosofía de portafolios de inversiones es muy relevante pues el rendimiento por tipo de activo suele variar mucho entre cada año y con el tiempo.

En resumen, no hay que casarse con un solo tipo de inversión o activo; hay que tener portafolios de inversión que nos ayuden a mitigar la volatilidad maximizando el rendimiento; hay que crear portafolios con base en nuestro objetivo, plazo y riesgo; se debe rebalancear y diversificar; es clave entender el poder del interés compuesto y del ahorro recurrente. Finalmente, no sabemos cuál va a ser el activo ganador del año, ya que nadie tiene una bola mágica —si la tienes, búscame.

Los tres pasos para seguir un buen criterio de inversión según Warren Buffett

Buffett invierte con sentido común siguiendo principios de inversión que se basan en el libro *The Intelligent Investor* de Benjamin Graham. Él inició la tesis de la Teoría del Valor. Dicha teoría explica cómo se determina el valor o precio de los bienes y servicios en el mercado. Existen diferentes enfoques o escuelas de pensamiento que tienen distintas formas de entender el valor, según los factores que consideran más importantes o relevantes. Esta teoría sigue tres pasos que se estructuran en un diagrama y plantea preguntas que deben responderse con "sí" o "no".

El primero se refiere a la acción o activo que vas a comprar. ¿Lo puedes comprar? ¿Lo quieres comprar por un periodo de largo plazo? Por largo plazo se consideran más de 10 años.

Estos inversionistas basan la toma de decisión en determinar si la compra puede ser especulativa porque hay un evento coyuntural o no. En ese caso, no compran. En cambio, si existe un largo plazo que les permita mantener la inversión y el capital el suficiente tiempo como para generar ganancias, sí compran.

El segundo paso implica determinar si la empresa donde se pretende invertir es líder en su sector, es decir, que sea rentable, que tenga un gran *management*, una ventaja competitiva y que sean diferenciadores. Si cumplen todos estos parámetros, compran, y si no los tienen, no.

En el tercer paso se plantea la pregunta: ¿El precio de la acción es razonable o no? Esa pregunta no se refiere en sí mismo al precio de la acción. Viene asociada a otras preguntas: ¿Cuántas veces utilidades?, ¿cuántas veces ventas?, ¿cuántas veces su generación de flujo? Si el precio cumple las expectativas de acuerdo con las respuestas a estas preguntas, compran. Si no, no las compran. Porque, con el tiempo, los ciclos económicos proporcionan la oportunidad de entrar a ciertas empresas con buenos precios. Y los grandes inversores son pacientes.

Sobre esta base construyen sus activos, portafolios, asimetría (de lo cual te hablaré en breve), diversificación. Casi 50% del portafolio de Berkshire Hathaway se encuentra en Apple, por lo que su posición en la empresa vale 151 mil millones de dólares. Warren Buffett entiende las dinámicas operacionales de los bancos y prefiere los modelos de negocios sencillos. No se complica la vida. Así funcionan.

Principales Inversiones de Warren Buffett al 31 de diciembre de 2023

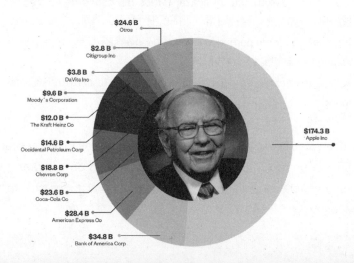

Los ETF

Uno de los instrumentos de inversión más exitosos de los últimos años son los ETF. Para quienes no están acostumbrados al lenguaje financiero, un acrónimo como este puede parecer intimidante. Pero los ETF son todo menos eso. Por el contrario, son una de las maneras más accesibles para invertir.

Las siglas de ETF significan *exchange-traded fund* y en español se conocen como fondos de inversión cotizados. Pero usemos el término ETF. Básicamente son una canasta de activos que puedes comprar o vender en un mercado de valores, y su funcionamiento combina lo mejor de los fondos de inversión y de las acciones individuales.

De los fondos de inversión, tienen las siguientes características:

1. Diversificación. Invierten en múltiples instrumentos al mismo tiempo, lo que significa que también mitigan el riesgo.
2. Son administrados profesionalmente. Es decir, son expertos quienes los manejan; el inversionista puede despreocuparse en este sentido.
3. Tienen una cuota por administración, aunque la de los ETF suele ser menor.

Y de las acciones han adoptado las siguientes:

1. Ofrecen flexibilidad. Al cotizar en los mercados de valores, se pueden comprar y vender en el horario continuo de los mercados. Esto es importante porque los fondos de inversión solo pueden usarse una vez al día, con el precio del cierre.
2. Liquidez. Esto es debido, precisamente, a la característica anterior.

De todas estas cualidades, en mi opinión, la clave es la diversificación. Los ETF le permiten al inversionista la capacidad de comprar y vender esa canasta de activos sin tener que comprar todos sus compo-

11. INVERSIÓN | 203

nentes de manera individual. Es decir, con una sola compra ya están accediendo a una canasta sumamente diversificada con hasta 8,000 activos subyacentes. Digamos que un ETF te permite matar muchos pájaros de un tiro.

Para comprender mejor la manera en que funcionan, vayamos por pasos. Primero, un emisor de ETF considera todos los activos que tiene a su disposición y crea una canasta, asignándole un *ticket* particular. El más famoso, por cierto, es el SPY, que sigue a todas las compañías del índice de las S&P 500. Después, los inversionistas pueden adquirir una acción de esa canasta de la misma manera en que adquieren acciones de una compañía. Finalmente, los compradores y vendedores hacen *trading* con ese ETF durante todo el día en el mercado de valores, al igual que hacen con las acciones.

Y lo verdaderamente útil de los ETF es que se ofrecen prácticamente cualquier clase de activos que te imagines: desde alternativos hasta *commodities* o bonos. Se estima que hay más de 6,000 ETF en todo el mundo, pero todos pertenecen a alguna categoría. Las tres más populares son las siguientes:

1. De acciones. Como su nombre lo dice, comprende acciones de distintas compañías. Pueden no tener nada en común entre ellas, excepto el comportamiento de su acción en el mercado.

2. De sector. Es más popular en Estados Unidos., donde el propio mercado de valores está dividido de esta manera. Un ETF por sector permite invertir en compañías dentro de cada sector, como el de salud, el financiero o incluso el de energías limpias.

3. De *commodities*. Es para quienes quieren invertir en bienes como el oro, el café o el petróleo.

Algo superinteresante de los ETF de sector es que pueden llegar a ser tan específicos como tus intereses lo exijan: hay ETF de biotecnología, bienes raíces. incluso de compañías que tengan compromisos de diversidad en sus juntas de administración.

Ahora bien, los beneficios de los ETF van más allá de la diversificación:

1. Como ya decía, sus cuotas de administración suelen ser menores que las de un fondo de inversión tradicional.
2. A diferencia de los fondos que tienen que cobran distinto, los ETF cobran lo mismo para todo mundo.
3. Todos los inversionistas, sin importar su tamaño, tienen acceso a los ETF bajo las mismas condiciones. Esto es particularmente importante para inversionistas pequeños o individuales, aún no institucionalizados.
4. Ofrecen mayor transparencia, pues se conocen exactamente todos los precios en los que se cotizan.

Como ocurre siempre en el caso de las inversiones, no hay una manera estandarizada de elegir un ETF. Todo depende de los objetivos de inversión, pues sirven para invertir en activos basándote en los índices de mercado, así como en activos alternativos, como el oro o incluso algunos mercados de valores emergentes. Es precisamente por esta flexibilidad que recomiendo invertir en un ETF. Incluso haría la recomendación para los nuevos inversionistas que tienen interés en el mercado, pero no saben por dónde empezar. ¿Qué mejor que en un portafolio diversificado?

El arma secreta de las inversiones: la asimetría

Todo gran inversionista entiende perfectamente qué significa este término tan importante al evaluar una inversión. Todos sabemos que una regla básica de la inversión es "a mayor riesgo, mayor rendimiento". Sin embargo, ¿qué pasaría si encontraras una gran oportunidad con

11. INVERSIÓN | 205

un retorno o recompensa altísimos, pero con una pérdida limitada? Eso es asimetría.

Imagina que vas a una fiesta y te la estás pasando increíble con tus amigos; de repente, te fijas en una chava muy guapa que llama tu atención, incluso la consideras "fuera de serie". No obstante, te propones acercarte a ella con nerviosismo y ansiedad de ser rechazado. Sin embargo, luego haces conciencia de la situación y te das cuenta de que es completamente asimétrica y... a tu favor. El *downside,* es decir, lo que podrías perder, es realmente "nada". Si te acercas y te dice que no le interesas, eso significa que quedarías exactamente en la misma situación en la que estabas antes de acercarte. El *upside*, es decir, lo que podrías ganar si acepta charlar contigo, es enorme. Ella podría ser quizá el amor de tu vida. Por consiguiente, lo mejor que puedes hacer es acercarte a ella y hablarle independientemente del resultado, porque esa decisión puede tener una potencial ganancia (*upside*) tremenda. Eso es asimetría.

Y el mismo principio de asimetría aplica con las inversiones. Si inviertes 100 dólares en Bitcoin, como máximo puedes perder los 100 dólares, pero también se te pueden volver 5,000 dólares.

Si hubieras invertido 30 mil dólares en la ronda semilla de Uber, hoy valdrían más de 500 millones de dólares. Ese es el principio de la asimetría. Entendiendo este principio terminarás por comprender que una inversión, al final, es cuestión de decisiones, tras evaluar el potencial riesgo, pero también, la potencial ganancia asimétrica. Ahora, el principio aplica también al revés: puede haber una "oportunidad" con un riesgo enorme, a cambio de un beneficio muy poco apetecible. Y en la vida (no solo en el mundo de las inversiones)... hay mucho de esto.

En materia de asimetría se me hace relevante compartirte lo que ha hecho Endeavor. Es una organización que apoya a diversas *startups* en el mundo y sobre todo a sus *outliers,* es decir, sus fundadores, empresarios que destacan por impactar fuertemente al mercado con sus emprendimientos, muchos de ellos generando rendimientos extraordinarios a nivel económico, alcanzando valoraciones de sus empresas superiores a los 1,000 millones de dólares: empresas unicornio, conocidas de esta forma por el monto de su valuación. Las empresas que consiguieron este estatus de unicornio fueron oportunidades asimétricas, ya que con unos miles de dólares que hubieses invertido en ellas, sobre todo en etapas tempranas, el retorno hubiese sido astronómico.

A través de uno de sus libros, Endeavor explora las características, retos y lecciones aprendidas por estos *outliers*, así como las tendencias y oportunidades que existen en los diferentes mercados y sectores donde operan. También ofrece consejos y recomendaciones para los emprendedores que aspiran a convertirse en *outliers*, basados en la experiencia y el conocimiento de los mentores, inversores y líderes de Endeavor. Su objetivo es inspirar, educar y conectar a los empresarios de alto impacto en todo el mundo, mostrando además el potencial de la innovación y el emprendimiento para transformar la economía en la sociedad. Es una lectura que no puede faltar como parte de tu camino a la riqueza.

En estos temas estamos enfocados porque, si podemos ayudar a la gente a invertir, lo haremos. Esa es la única manera de verdaderamente generar patrimonio.

Los 3 tipos de inversionistas:

Ahora bien, existen varios errores que son relativamente comunes al invertir. Te voy a platicar de cada uno de estos, agrupándolos en tipos de inversionistas.

1. El primero es el inversionista **Javi Noble,** cuyo portafolio refleja la siguiente estructura. Se trata de una persona que decide invertir en el restaurante del amigo o en la idea millonaria de un primo o quizás le presta el dinero a la tía. Resulta que el restaurante también era un bar donde se la pasaban los amigos y no generó rentabilidad o el emprendimiento del primo no funcionó, o quizás la tía no pagó. La cuestión

11. INVERSIÓN | 207

es que perdió el dinero y probablemente también la relación. De estas historias hay miles. Seguro que tú conocerás alguna o tal vez la haz vivido personalmente.

Esto sucede y es común que haya tragedias en este tipo de inversiones, ya que este tipo de activos no tiene una distribución normal en la que hay una probabilidad equitativa de retornar el dinero. Todo lo contrario. Las *startups*, restaurantes y demás tienen una distribución que se conoce como distribución de poder o *power law distribution*, en donde un pequeño número de inversiones funcionan y un gran número fracasan. Más del 70% de las empresas fracasan antes de cumplir el primer año.

Un estudio de la firma a16z realizado sobre inversiones de *venture capital* entre 1984 y 2014 señala que el 6%, es decir, casi una de cada veinte empresas, obtuvieron el 60% de retorno en los fondos, mientras que el 60% de las empresas se declararon en bancarrota. Los retornos están concentrados en un pequeño número de empresas que tuvieron retornos astronómicos. Así que para participar efectivamente en estas industrias lo más sabio es invertir en muchas empresas o, mejor aún, invertir a través de un fondo que invierte en múltiples empresas que además son analizadas a través de un riguroso proceso de inversión. Así las probabilidades estarán más a tu favor. Hay que tener cuidado cuando tengamos pensamientos Javi Noble: podemos estar próximos a cometer un grave error.

2. El segundo inversionista es el considerado como **la gente de a pie**, que invierte su dinero en la bolsa con un portafolio tradicional que se conoce como el **portafolio 60/40**. Este nombre viene derivado del porcentaje que invierte en acciones y bonos. Para sus inversiones tiene acceso a plataformas digitales y a banqueros patrimoniales o asesores de inversión. Estas personas van de gane, ya que por lo menos su dinero está generando rendimientos, pero estos rendimientos que ofrecen los mercados públicos han bajado de manera importante en las últimas décadas. Antes se obtenían rendimientos superiores al 10%, hoy ya son cercanos al 7% en dólares. Este fenómeno sucede por diversas razones. Primero, porque hay más jugadores en el mercado, y a mayor número de inversionistas, se produce más demanda. En segundo lugar, históricamente los bonos tenían rendimientos por arri-

ba del 6% y por muchos años estuvieron cercanos al 0%. Ya están subiendo las tasas, pero difícilmente se van a mantener altas por mucho tiempo.

3. El tercer inversionista es el más sofisticado y en este grupo vamos a englobar a los **High Net Worth Individuals** y a los **Family Offices.** Los *Family Offices* son empresas constituidas por la gente más rica del mundo para gestionar profesionalmente su dinero desde ahí. Ahora, ¿en qué están invirtiendo su dinero los *Family Offices*?

La respuesta es que lo están invirtiendo mayormente en activos alternativos. ¿Y qué son los activos alternativos? Son vehículos que no están operando o transaccionando en mercados públicos o bolsas de valores. Y esto ayuda a diversificar, a bajar la volatilidad y también a generar y aumentar rendimientos. Estos activos llegan a generar porcentajes de retorno superiores al 15%, pero las personas de a pie no tienen acceso a ellos porque necesitan millones de dólares para invertir. El acceso solo es para la gente más rica.

Por ello y con la misión de democratizar las inversiones en activos alternativos, creamos Revolution Capital, que es una plataforma para que los inversionistas puedan invertir a partir de 25 mil dólares en los mejores fondos de inversión del mundo.

Para darte un poco de contexto te voy a platicar mi propia historia. Yo tuve la oportunidad de invertir en un par de los mejores fondos de inversión a nivel global por ser parte del equipo directivo de GBM, en donde era una prestación participar, si querías, en estos vehículos que pedían varias decenas de millones de dólares para entrar. GBM "agrupaba" esas inversiones y nos permitía invertir desde montos más pequeños. Desde ahí era mi sueño y misión hacer esto con todo el gran público inversionista allá afuera, compartiendo todo el *network* que he formado en más de dos décadas en el sector y con el análisis de los mejores *managers* de cada tipo de activo.

En el año 1996 los activos alternativos representaban 5% del portafolio total de inversiones en el mundo. Hoy alcanzan el 26% con

11. INVERSIÓN | 209

un retorno de casi el triple en los mercados públicos. Crecen de forma tan ridículamente acelerada que se espera que en 2026 haya más de 23 trillones de dólares en activos alternativos.

En resumen, el inversionista **Javi Noble**, en su mayoría, tiene retornos negativos y, en el mejor de los casos, obtiene porcentajes que oscilan entre 4% y 8%, dependiendo de qué tan conservador o agresivo sea. Y esto impacta no nada más en sus inversiones, sino también en sus relaciones personales. En cambio, la gente que sabe invertir alcanza porcentajes de retorno entre 8% y 16%. Por eso es importante que inviertas en activos alternativos.

Hay quien dice: "Yo no me voy a romper la cabeza. Voy a invertir en ETF en la bolsa y listo", y hace muy bien. Le está ganando al 95% de la gente en México que no invierte. Pero si tú quieres ser parte del 1%, tienes que pensar distinto. La gran mayoría prefiere invertir en Apple y Amazon porque obtienen tasas de retorno del 8 al 10% conforme al mercado. Pero la forma real de sacarla del parque es invirtiendo como los grandes patrimonios, invirtiendo en activos alternativos.

> *Hay gente tan pobre que lo único que tiene es dinero.*
>
> *Bob Marley*

CAPÍTULO 12

Riqueza

Soy una persona que disfruta leer, conversar, cuestionar y, mucho más…, filosofar para entender la razón de la vida. Por lo que siempre me hizo mucho sentido pensar que la riqueza va más allá. Pero al principio solo lo pensaba. No lo practicaba. Es más, era soberbio y materialista. Centraba mucha de mi valía en el éxito económico porque creía que esa era la manera en la que demostraba mi valor en este mundo. Mi ego siempre sacaba la casta y se hacía presente; en muchas ocasiones sinceramente no me importaba ni siquiera cuáles eran los *medios* con tal de tener razón. Pensaba que yo sería la excepción en el mundo financiero, una pieza imprescindible en el tablero de ajedrez de las empresas. Mi valía y mi seguridad siempre las había asociado con tener la razón, con tener el dinero, con tener el poder, con tener intelecto. Yo pensaba que ese era mi superpoder, pero la realidad… es que era mi *kryptonita*.

Primero, estando contra la pared, y luego, experimentando los viajes de autodescubrimiento a la India y a Perú, me confronté conociendo ambos lados. Reflexioné sobre esa capacidad intelectual y profesional, toda esa fuerza y ese fuego que me habían llevado al clímax de mi vida profesional; esa personalidad agresiva y ambiciosa que no se conformaba con nada, que peleaba hasta el último segundo, que no dejaba espacio para la duda y que no tenía compasión por nada ni por nadie; esa identidad que tanto me había dado en el mundo material, pero que tanto me alejaba de mi esencia. La verdad es que me la vivía corriendo, fugándome y huyendo del miedo: del miedo de sentir demasiado, del miedo de no ser suficiente, del miedo de no ser amado. Era esa *kryptonita* disfrazada de fuga que, lejos de potenciarme en el mundo de los negocios, me iba a matar de un infarto. Entonces, supe que ahí no podía poner mi valía. El dinero no lo compra todo. Había estado equivocado.

Hay tres cosas que no pueden comprarse con dinero: una mente en paz, un cuerpo saludable y una casa llena de amor. Son tres cosas que te debes ganar. Son áreas de tu vida que salen del plano económico, pero forman parte de tu integralidad como ser humano. Necesitas trabajar activamente en tu cuerpo, mente y alma, generando hábitos y dinámicas que te permitan crecer en estos tres ámbitos para ser feliz.

Respecto a tu cuerpo debes centrar tu atención en cómo te alimentas, el ejercicio que haces, las horas que le dedicas al sueño, también al descanso y al ocio. Steve Jobs, teniendo todo el dinero del mundo, no pudo salvarse del cáncer. Warren Buffett tiene 93 años y estoy seguro de que daría todo su dinero con tal de volver a tener 20 años. Así que presta atención a todo lo que está asociado a tu salud. Una persona sana tiene mil deseos, pero una persona enferma, por más dinero que tenga, solo tiene un deseo. Sin salud, sin cuidarte, ¿para qué te sirve el dinero?

Una mente en paz se refiere a que seas selectivo con la información que introduces a tu cabeza y de qué forma estimula tu mente. Al igual que cada vez somos más conscientes sobre los alimentos que comemos, así mismo debemos de serlo con la información con la que alimentamos a nuestra mente. Son tantas las cosas que pasamos por alto y que de manera consciente no somos capaces de percibir... Por eso es necesario que prestes atención a los libros que lees, las noticias que ves y hasta la gente con la que te juntas. Cuánta gente tiene millones de dólares y no está en paz, vive en conflicto interno y con el mundo que la rodea; incluso termina peleada con la familia, en la cárcel, en el manicomio o hasta suicidándose.

Una casa llena de amor hace alusión a tu mundo exterior e interior. Hacia afuera es tu familia y amigos. La vida es mejor compartida. Esa es nuestra esencia como especie; somos animales sociales. ¿De qué te serviría todo el dinero del mundo si no lo pudieras compartir? Habrías ganado el juego del dinero, pero perdido el juego de la vida, ¡qué tragedia! Hacia adentro es tu alma y espíritu. Aprender a estar contigo te permite enfrentarte a tu propia mortalidad, te permite cuestionarte, para luego desarrollarte y crecer.

Estoy convencido de que la riqueza..., la riqueza verdadera, va más allá del dinero. Es la Riqueza 360 porque es todo lo que el dinero no puede comprar. La riqueza es holística. Sé que suena utópico, pero es real. El dinero no lo es todo. Es un vehículo para todo lo demás. Te permite tener opciones. Te permite tener tiempo para dedicarte a lo importante.

Ahora imagina si combinas el dinero con todo lo demás, pues se origina un círculo virtuoso en constante movimiento. Si te haces consciente de cómo generas riqueza en todas las áreas de tu vida, el dinero será una consecuencia. Serás capaz de entender cómo el dinero te puede ayudar a diseñar una visión holística de vida y alcanzar así la verdadera felicidad, y, sobre todo, aquello que tantos años busqué: la libertad.

Y, en ese sentido, quiero transmitirte el concepto de *flywheel effect* mencionado por Jim Collins en su libro *Good to Great* y cuyo ejemplo más representativo es Amazon.

Cuando Jeff Bezos dio sus primeros pasos dijo: "Vamos a ser la compañía más obsesionada con el servicio al cliente que haya en la historia. Pero, para hacer eso, lo primero que necesito es empezar siendo la que tiene los precios más bajos". Esa fue su propuesta de valor y la cumplió. Pero eso implicó que sus utilidades operativas fueran cero por muchos años, incluso perdiendo dinero, hasta que finalmente muchos años después pudo generar rentabilidad.

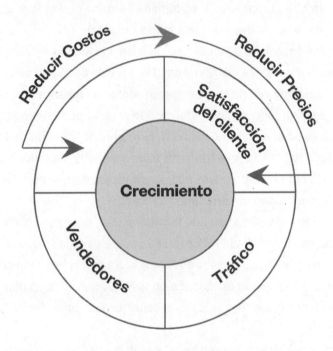

Y no es la única. Muchas más empresas siguen esta técnica.

Lo que sucede es que, cuando tienes los precios más bajos, atraes más gente y eso se traduce en una gran demanda. Y esta demanda genera del otro lado la misma oferta de manera orgánica. Esto conlleva que muchísimos vendedores quieran vender en Amazon y eso lo muestran sus números, ya que 35% de sus productos provienen de terceros. Teniendo entonces los vendedores que quieren vender y los compradores que quieren comprar, la empresa expande sus inventarios y distribución, traduciendo tales efectos en muchísimo valor. ¿Qué sucede frente a este panorama? Los costos fijos se diluyen. Y de esa manera, pueden bajar nuevamente los precios, dando origen a un nuevo ciclo de retroalimentación.

Y el *flywheel effect* quiere decir que la empresa cada vez avanza más rápido generando una ventaja competitiva, porque cada vez estos efectos son más notables dentro de la dinámica que se genera.

La realidad es que el "Círculo de la Riqueza", no es un círculo propiamente; es un *flywheel*, un círculo que se acelera con el tiempo y con el trabajo.

Si entiendes tu visión, si trabajas en tu psicología entendiendo tu relación con el dinero y te haces consciente, todas las piezas del rompecabezas terminan encajando hasta llegar al camino de la creación de dinero para generar una vida con intención. Y, cuando le añades las inversiones y un plan financiero a la ecuación, cumples la visión de vida que concebiste en un principio. De allí que sea tan importante cuestionarte tu propia vida; desafortunadamente, 95% de las personas no lo hacen, así que no seas uno de ellos.

Elabora un plan de acción basado en lo que aquí aprendiste, porque, si no lo tienes, cualquier mecanismo que emprendas no servirá de nada. Y luego, toma acción. Que todo ese cúmulo de información no quede como un breviario cultural.

Plantéate hábitos transformadores. Desde hace diez años yo he aplicado esta filosofía. Me he propuesto metas y esas metas me han ayudado a tener una base cada vez más sólida. No nada más se trata de invertir en la bolsa, sino también de cómo invertimos en nosotros.

Haciendo uso de todas estas herramientas podrás empezar el *podcast* que siempre has querido hacer, desarrollar la aplicación que has postergado, asociarte con alguien, montar una empresa. Lo que sea tu pasión, podrás hacerlo. Así es como generas dinero, y el dinero invertido genera más dinero.

Se trata de un juego conductual del cual formas parte, pero ahora desde la consciencia de que el dólar pierde valor y que los activos son volátiles, y desde la confianza de estar más cómodo para invertir y haciéndolo por periodos de tiempo más largos porque ahora sabes que así se gana el juego. Y después, cuando tienes todo eso, pues tienes más tiempo, más paz mental, estás más sano y te permites llenarte de amor.

Este círculo se retroalimenta, se acelera. Y una vez que comprendes todas y cada una de las piezas —visión, psicología, creación e inversión—, las usas en sintonía y te vuelves invencible.

Al final del camino descubres que construir riqueza con propósito no se trata nada más del dinero. La Riqueza 360 es la consecuencia de todo, en todas las áreas de tu vida y lo que verdaderamente te proporciona felicidad.

Crea tu plan de acción

La realidad es que las ideas sin ejecución son solo sueños. La clave de la vida es nuestra capacidad de tomar acción y hacernos responsables de nuestra propia vida. Crear un plan de acción es clave para poner en marcha todas estas ideas y vivir en Riqueza 360.

Pero antes de tomar acción es muy importante saber en dónde estás parado. Para ello, una de las mejores herramientas que he encontrado es la rueda de la vida. Es un *framework* que tiene sus orígenes en el budismo tibetano y busca crear un balance entre el éxito y la felicidad; yo te propongo aquí decirle Rueda de la Riqueza 360.

Rueda de la Riqueza 360

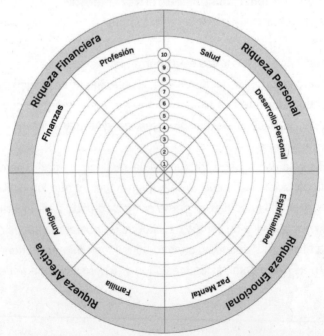

¿Qué es la rueda de la vida?

La rueda de la vida —o en este libro Rueda de la Riqueza 360— es una herramienta visual de *coaching* personal mediante la cual se obtiene una visión completamente gráfica de aquellos aspectos que componen la vida de la persona, y no solo ello, también refleja el grado de satisfacción, al igual que de equilibrio, que se tiene respecto a los mismos.

¿Cuál es la importancia de la rueda de la vida?

Su objetivo es permitir que la persona haga una evaluación sobre su actual nivel de satisfacción respecto a los diferentes aspectos de su vida, comparándolo con el nivel de satisfacción que le gustaría obtener.

¿Quién inventó la rueda de la vida?

Se llama la "rueda de la vida" porque cada área de tu vida está trazada en un círculo, como los radios de una rueda. El concepto fue creado originalmente por Paul J. Meyer, fundador de Success Motivation® Institute, Inc.

Los pilares de su filosofía son el desarrollo personal y el logro de los objetivos, la adecuada gestión del tiempo y el disfrute de los éxitos. Sin embargo, el origen de la representación gráfica de las áreas vitales se remonta al budismo, donde existe la rueda de la vida budista tibetana o rueda del *karma*.

GUÍA PARA COMPLETAR LA RUEDA DE LA RIQUEZA 360

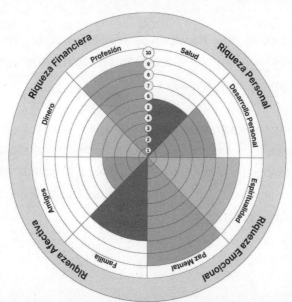

Una vez completada la rueda de la vida, para cada uno de estos pilares voy planteando objetivos, desarrollando estrategias y definiendo planes de trabajo. Algunas de estas bases se interrelacionan con otras, pero para mí lo fundamental ha sido establecer las relaciones por mí mismo para así entender cuáles de las acciones debo optimizar.

Establece tus objetivos personales

Desde hace varios años establezco mis objetivos anuales con la metodología OKR que utiliza Google para la gestión de su estrategia y ejecución de negocio.

¿Qué son los OKR?

Los OKR (*Objectives and Key Results*) son una metodología de gestión de objetivos y resultados clave que se utiliza para establecer metas claras y medibles. Originados en la industria tecnológica, los OKR han demostrado ser una herramienta poderosa no solo para organizaciones, también para el desarrollo personal.

Objetivos (Objectives): los objetivos son declaraciones claras y motivadoras que describen lo que quieres lograr. Deben ser ambiciosos e inspiradores.

Resultados clave (Key Results): los resultados clave son métricas específicas y medibles que indican el progreso hacia el logro del objetivo. Deben ser cuantificables y alcanzables.

¿Por qué los OKR son útiles a nivel personal?

Por su claridad y enfoque: los OKR te ayudan a definir claramente lo que quieres lograr y a mantener el enfoque en tus metas más importantes. Con objetivos bien definidos, es más fácil priorizar tus actividades diarias y evitar distracciones.

12. RIQUEZA | 221

Medición del progreso: al establecer resultados clave específicos, puedes medir tu progreso de manera objetiva. Esto te permite saber si estás avanzando hacia tus metas o si necesitas ajustar tu enfoque.

Motivación y compromiso: tener objetivos ambiciosos y ver tu progreso a través de los resultados clave puede ser altamente motivador. Los OKR te mantienen comprometido y te inspiran a seguir adelante, incluso cuando enfrentas desafíos.

Adaptabilidad: los OKR se revisan periódicamente, lo que te permite ajustar tus objetivos y resultados clave según sea necesario. Esta flexibilidad es crucial para adaptarte a cambios y nuevas oportunidades.

Crecimiento personal: utilizar OKR para tus metas personales fomenta un enfoque proactivo hacia tu desarrollo. Ya sea que busques mejorar tu bienestar, adquirir nuevas habilidades o alcanzar un equilibrio entre tu vida personal y profesional, los OKR te proporcionan una estructura efectiva para el crecimiento continuo.

Implementación de OKR personales

Paso 1: define tus objetivos. Elige metas claras y motivadoras que realmente quieras alcanzar. Asegúrate de que sean desafiantes pero alcanzables.

Paso 2: establece resultados clave medibles. Determina métricas específicas que te ayudarán a medir tu progreso hacia cada objetivo.

Paso 3: monitorea y ajusta. Revisa tus OKR regularmente para evaluar tu progreso y ajusta tus estrategias según sea necesario.

Paso 4: mantén una actitud positiva. Mantén el enfoque y la motivación. Celebra tus logros y aprende de tus desafíos.

Ejemplo de OKR personales

Objetivo A: mejorar mi bienestar físico y mental.
Resultado clave 1: meditar al menos 10 minutos diariamente durante 3 meses.
Resultado clave 2: ejercitarme al menos 4 veces por semana durante 3 meses.
Resultado clave 3: leer un libro sobre desarrollo personal cada mes.

Objetivo B: incrementar mis habilidades profesionales.
Resultado clave 1: completar un curso en línea relacionado con mi profesión cada trimestre.
Resultado clave 2: asistir a una conferencia o seminario profesional cada 6 meses.
Resultado clave 3: implementar una nueva técnica o herramienta aprendida en mi trabajo cada mes.

Utilizar OKR a nivel personal puede transformar tu enfoque hacia el logro de metas, proporcionando una estructura clara y una motivación constante para alcanzar tus sueños y aspiraciones.

Aquí te comparto un *template* que puedes usar para comenzar con tus OKR personales:

OBJETIVO 1	KRS	1Q24	2Q24	3Q24	4Q24

OBJETIVO 2	KRS	1Q24	2Q24	3Q24	4Q24

OBJETIVO 3	KRS	1Q24	2Q24	3Q24	4Q24

Con todo esto en mente puedes crear un plan de trabajo con hitos particulares que te gustaría ir logrando en el tiempo. Vale la pena intentar hacer *check-in* contigo por lo menos una vez al mes para saber si vas en el camino adecuado para lograr tus planes.

Como lo dije, dentro de este plan puedes contener todos los ángulos de tu vida. Hacerlo te ayudará a definir cada uno de los pilares que la construyen. Hay que trasladar nuestros aprendizajes de los proyectos profesionales hacia el ámbito personal.

Al final, si no podemos realizarnos como personas, difícilmente le habremos sacado jugo a la vida. Nosotros debemos de ser nuestra prioridad. A trabajarle. Invertir en nosotros mismos es sin duda la mejor inversión.

Por último...
La vida es su suspiro.
Esta imagen muestra la vida de una persona por años de manera gráfica:

Una vida de 90 años en años

La encontré en uno de mis *blogs* favoritos de nombre *wait but why* y me hizo reflexionar acerca de lo efímera que es la vida.

Así se ve la vida en meses:

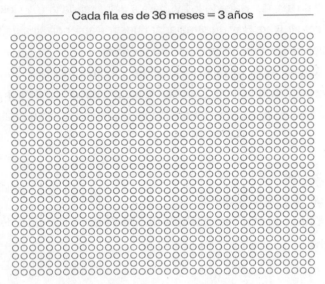

Una vida de 90 años en meses
Cada fila es de 36 meses = 3 años

Mientras escribo esto estoy, apenas a unos cuantos días de cumplir 40 años. Este hito me ha puesto muy reflexivo y melancólico. A veces pienso que ya viví más días de los que tengo por delante para vivir, que ya estoy por delante de esa mitad de la vida. Te confieso que me da mucho miedo creer que esto sea posible y sobre todo probable. Pero la realidad es que desde que nacemos sabemos que lo único seguro es la muerte.

Hace unos años...

Mi amigo Pablo una vez me compartió un ejercicio que hizo en el que escribió cómo sería el último día de su vida si supiera que al final de ese día y después de irse a dormir no volvería a despertar. De manera periódica hago ese ejercicio y siempre llego a la misma reflexión. ¿Por qué no estoy viviendo mi vida como si fuese el último día? ¿Qué me impide hacerlo? Algún día será el último…

12. RIQUEZA | 225

Como último ejercicio, reflexiona cómo sería tu último día de vida. Léelo en voz alta, mándalo a tu familia y seres queridos que estén contenidos en ese escrito y haz un compromiso contigo para llevar tu vida como si fuese tu último día, ya que definitivamente algún día lo será.

Por eso la importancia de tomar acción, de tomar las riendas de tu vida y vivir la vida al máximo. Por eso la importancia de vivir siempre en Riqueza 360.

> *Las matemáticas son el lenguaje de la naturaleza.*
>
> Galileo Galilei

CAPÍTULO 13

Fórmula de la riqueza

E n este último capítulo quiero compartir con ustedes las fórmulas que me han permitido vivir en Riqueza 360:

$$FELICIDAD = Salud + Riqueza + Buenas\ relaciones$$

Quiero compartir con ustedes una fórmula sencilla pero poderosa para alcanzar la felicidad plena en nuestras vidas. Es un concepto que reúne tres pilares fundamentales: salud, riqueza y buenas relaciones. Vamos a desglosar cómo cada uno de estos elementos contribuye a nuestra felicidad.

Salud: el pilar fundamental

La salud es el activo más valioso que tenemos. Sin una buena salud, es difícil disfrutar de cualquier otra cosa en la vida. Aquí es donde se aplican conceptos como el bienestar físico y mental. Cuidar de tu cuerpo a través del ejercicio, una alimentación balanceada y mantener una mente positiva y en equilibrio es esencial. Recuerda, tu cuerpo es el vehículo que te lleva a todos tus sueños. ¡Mantenlo en óptimas condiciones!

Riqueza: la libertad financiera

La riqueza no es solo acumular dinero, sino tener la libertad para disfrutar la vida que deseas sin preocupaciones financieras. Esto implica una buena gestión de tus finanzas, inversión inteligente y planificación a largo plazo. La riqueza te brinda la tranquilidad y el poder de tomar decisiones sin estar limitado por las circunstancias económicas. ¡Se trata de construir una base sólida para tu futuro y el de tus seres queridos!

Buenas relaciones: la conexión humana

Finalmente, las buenas relaciones son el alma de nuestra felicidad. La calidad de tus relaciones con familiares, amigos y colegas impacta directamente en tu bienestar emocional. Cultivar relaciones positivas y significativas te proporciona apoyo, amor y un sentido de pertenencia. Rodéate de personas que te inspiren, te apoyen y te desafíen a ser tu mejor versión. ¡Las conexiones humanas son el verdadero tesoro de la vida!

Conclusión

La fórmula para una vida feliz no es un secreto guardado bajo llave. Es la combinación de cuidar tu salud, construir tu riqueza y nutrir tus relaciones. Al enfocarte en estos tres pilares, creas un equilibrio que te permite disfrutar plenamente de cada momento.

Recuerda, la felicidad no es un destino, es un viaje. Y, con esta fórmula, estás equipado para hacer de ese viaje una experiencia increíble y enriquecedora.

SALUD = Ejercicio + Dieta + Sueño

13. FÓRMULA DE LA RIQUEZA | 231

Ya hablamos de la felicidad, ahora nos adentraremos en uno de sus pilares más cruciales: la salud. Este es un tema que, como ya saben, me apasiona profundamente. La fórmula es simple pero poderosa: Ejercicio + Dieta + Sueño. Vamos a explorar cada uno de estos componentes.

Ejercicio: el motor de la vitalidad

El ejercicio es fundamental para mantener nuestro cuerpo y mente en óptimas condiciones. No se trata solo de tener un buen físico, sino de sentirte lleno de energía y vitalidad. Incorporar actividad física regular en tu rutina te ayuda a fortalecer el corazón, mejorar la circulación y liberar endorfinas, las hormonas de la felicidad. Encuentra una actividad que disfrutes, ya sea correr, nadar, hacer yoga o levantar pesas, y hazla parte de tu vida. ¡El movimiento es vida!

Dieta: el combustible de tu cuerpo

Lo que comes tiene un impacto directo en cómo te sientes y en tu salud general. Una dieta equilibrada y nutritiva es esencial para proporcionar a tu cuerpo los nutrientes necesarios para funcionar correctamente. Prioriza alimentos frescos y naturales: frutas, verduras, proteínas magras y grasas saludables. Evita los ultraprocesados y el exceso de azúcar. Recuerda, eres lo que comes. Alimenta tu cuerpo con lo mejor y verás cómo tu energía y bienestar se disparan. ¡Come para nutrir, no solo para llenar!

Sueño: el restaurador natural

El sueño es el componente muchas veces subestimado de la salud, pero es absolutamente vital. Dormir bien permite a tu cuerpo y mente recuperarse y repararse. Durante el sueño, se consolidan los recuerdos, se regula el metabolismo y se refuerza el sistema inmunológico.

Apunta a obtener entre 7 y 9 horas de sueño de calidad cada noche. Crea una rutina relajante antes de dormir, desconéctate de las pantallas y asegúrate de que tu entorno sea propicio para el descanso. ¡El sueño es tu superpoder secreto!

Conclusión

La salud no es un destino, es un estilo de vida. Al integrar ejercicio, una dieta saludable y un sueño reparador en tu rutina diaria, construyes una base sólida para una vida llena de energía, vitalidad y bienestar. Estos tres componentes son la receta perfecta para mantener tu cuerpo y mente en su mejor versión.

Recuerda, tu salud es tu riqueza más valiosa. Cuídala, respétala y trabaja en ella todos los días. ¡Vamos juntos en este viaje hacia una vida más saludable y feliz!

$$RIQUEZA = Ingreso + Riqueza^*ROI$$

La fórmula es clara y directa: Ingreso + Riqueza*ROI. Vamos a desglosarla para entender cómo construir una base financiera sólida que te permita vivir con libertad y tranquilidad.

Ingreso: el pilar inicial

El ingreso es el punto de partida en tu camino hacia la riqueza. Es el dinero que ganas a través de tu trabajo, negocio o inversiones. La clave aquí es maximizar tu potencial de ingresos. Esto puede significar obtener una mejor educación, desarrollar habilidades valiosas, emprender un negocio propio o buscar oportunidades de crecimiento en tu carrera actual. Recuerda, el primer paso para construir riqueza es asegurarte de que estás generando un ingreso sólido y sostenible. ¡El ingreso es el combustible de tu viaje financiero!

Riqueza: el capital acumulado

La riqueza es el conjunto de tus activos: el dinero que tienes ahorrado, las inversiones, propiedades y cualquier otro recurso financiero que hayas acumulado. No se trata solo de cuánto ganas, sino de cuánto conservas y cómo haces crecer esos recursos. Aquí es donde la disciplina financiera entra en juego. Ahorra e invierte con sabiduría, controla tus gastos y mantén un enfoque a largo plazo. La riqueza acumulada es la base sobre la que puedes construir tu libertad financiera. ¡Es el fruto de tus esfuerzos y tu gestión inteligente!

ROI (*Return on Investment*): el potenciador de la riqueza

El ROI, o retorno de inversión, es la tasa de ganancia que obtienes de tus inversiones. Para realmente multiplicar tu riqueza, necesitas invertir inteligentemente y buscar oportunidades que ofrezcan buenos rendimientos. Diversifica tu portafolio, invierte en educación financiera y busca asesoramiento profesional cuando sea necesario. El ROI es lo que hace que tu dinero trabaje para ti, generando ingresos pasivos y aumentando tu capital a lo largo del tiempo. ¡El ROI es el catalizador que acelera tu crecimiento financiero!

Conclusión

La verdadera riqueza no es solo una cuestión de ingresos, sino de cómo gestionas y haces crecer tus recursos. Al combinar un ingreso sólido con una gestión inteligente de tu riqueza y buscar constantemente buenas oportunidades de inversión, puedes construir una base financiera sólida y duradera.

Recuerda, la riqueza es una herramienta que te da libertad, seguridad y la capacidad de vivir la vida que deseas. ¡Vamos a trabajar en esta fórmula y construir juntos un futuro financiero próspero!

Espero que esta fórmula de la riqueza te inspire a tomar acciones concretas y estratégicas en tu vida financiera. ¡El cambio comienza con una decisión y una acción diaria!

$$INGRESOS = Accountability + Palanca + Conocimiento$$

La fórmula para generar más ingresos es la siguiente: *Accountability* + Palanca + Conocimiento. Vamos a desglosarla para entender cómo maximizar tu potencial de ingresos y alcanzar tus metas financieras.

Accountability: la responsabilidad personal

La *accountability*, o responsabilidad personal, es el compromiso contigo de tomar las riendas de tus finanzas y ser proactivo en tus decisiones económicas. Esto implica establecer metas claras, hacer un seguimiento de tus progresos y ser honesto contigo sobre tus hábitos financieros. La responsabilidad personal te mantiene enfocado y motivado para alcanzar tus objetivos. ¡Tú eres el capitán de tu propio barco financiero!

Palanca: maximizar tu potencial

La palanca se refiere a utilizar recursos y oportunidades para multiplicar tus resultados. Esto puede incluir apalancarte en tecnología, redes de contacto, educación y cualquier otra herramienta que te permita aumentar tu productividad y eficiencia. Utilizar la palanca significa trabajar de manera más inteligente, no necesariamente más duro. Piensa en cómo puedes escalar tus esfuerzos, delegar tareas y aprovechar las oportunidades para maximizar tus ingresos. ¡La palanca es tu aliado para alcanzar nuevos niveles de éxito!

13. FÓRMULA DE LA RIQUEZA | 235

Conocimiento: la base del crecimiento

El conocimiento es el motor que impulsa tu crecimiento financiero. Invertir en tu educación, aprender nuevas habilidades y mantenerte actualizado con las tendencias del mercado te da una ventaja competitiva. Ya sea a través de cursos, libros, mentorías o experiencias prácticas, el conocimiento te capacita para tomar decisiones informadas y estratégicas. Recuerda, la inversión en conocimiento siempre paga los mejores intereses. ¡El conocimiento es tu poder para transformar tu potencial en ingresos reales!

Conclusión

La fórmula para maximizar tus ingresos combina responsabilidad personal, uso inteligente de recursos y una constante búsqueda de conocimiento. Al integrar estos elementos en tu vida diaria, te posicionas para aprovechar al máximo tus oportunidades y así construir una base financiera sólida.

Recuerda, los ingresos son la base sobre la que construimos nuestra riqueza y seguridad financiera. ¡Vamos a tomar el control, utilizar nuestras herramientas y aprender continuamente para alcanzar nuestras metas financieras!

Espero que esta fórmula de ingresos te inspire a tomar acciones estratégicas y responsables para maximizar tu potencial financiero. ¡El cambio comienza con una decisión y una acción diaria!

ACCOUNTABILITY = Personal branding +
Plataforma + Tomar riesgos

Vamos a profundizar en el concepto de *accountability*, o responsabilidad personal, y cómo puedes potenciarlo con una combinación de *personal branding*, plataforma y tomar riesgos. Esta es una fórmula poderosa para asumir el control de tu vida y tus finanzas.

Personal branding: tu marca personal

El *personal branding* es cómo te presentas al mundo y cómo te perciben los demás. Se trata de construir una imagen sólida y auténtica que refleje tus valores, habilidades y objetivos. Tu marca personal es lo que te distingue en el mercado laboral y en la vida. Invertir en tu marca personal implica crear contenido valioso, compartir tus conocimientos y construir una reputación basada en la integridad y la autenticidad. ¡Tu marca personal es tu tarjeta de presentación en todos los aspectos de la vida!

Plataforma: amplifica tu voz

La plataforma es el medio a través del cual compartes tu mensaje y conectas con tu audiencia. Puede ser un *blog*, un canal de YouTube, redes sociales, la empresa en la que colaboras o cualquier otra herramienta que te permita llegar a más personas. Una plataforma sólida te ayuda a amplificar tu voz, establecer tu autoridad en tu campo y crear una comunidad alrededor de tu marca personal. Al desarrollar y mantener una plataforma, no solo te haces más visible, sino que también te posicionas como un líder de pensamiento en tu área. ¡La plataforma es tu megáfono para el mundo!

Tomar riesgos: atrévete a innovar

Tomar riesgos es una parte esencial de la responsabilidad personal. Significa salir de tu zona de confort y atreverte a probar cosas nuevas, incluso cuando no hay garantías de éxito. Los riesgos calculados son las oportunidades que te permiten crecer y avanzar en tu carrera y vida personal. Aprender a tomar decisiones informadas, asumir riesgos y adaptarte a los resultados, sean positivos o negativos, es fundamental para el crecimiento personal y profesional. ¡Los riesgos son los peldaños que te llevan al éxito!

Conclusión

La *accountability* o responsabilidad personal, se fortalece al trabajar en tu marca personal, construir y mantener una plataforma efectiva, y estar dispuesto a tomar riesgos calculados. Estos tres componentes te ayudan a asumir el control de tu vida, destacar en tu campo y alcanzar tus objetivos con determinación y confianza.

Recuerda, la responsabilidad personal es la clave para abrir puertas y crear oportunidades. ¡Vamos a construir nuestra marca, amplificar nuestra voz y atrevernos a tomar riesgos para alcanzar el éxito!

Espero que esta fórmula de *accountability* te inspire a tomar acciones concretas y valientes en tu vida diaria. ¡El cambio comienza contigo y con la determinación de ser el mejor en todo lo que haces!

$$PALANCA = Capital + Gente + Propiedad\ intelectual$$

La fórmula de la palanca combina capital, gente y propiedad intelectual. Vamos a desglosarla para entender cómo puedes utilizar estos elementos para amplificar tu éxito.

Capital: el combustible de tus proyectos

El capital es el recurso financiero que te permite invertir en oportunidades y hacer crecer tus proyectos. Puede provenir de tus ahorros, inversionistas, préstamos o cualquier otra fuente de financiamiento. Tener acceso a capital te brinda la capacidad de adquirir recursos, expandir tu negocio y aprovechar nuevas oportunidades. Es fundamental gestionar y utilizar el capital de manera estratégica para maximizar su impacto. ¡El capital es el combustible que enciende tu motor de crecimiento!

Gente: tu equipo de éxito

La gente es uno de los recursos más valiosos que puedes tener. Rodearte de un equipo talentoso, motivado y alineado con tu visión puede marcar una gran diferencia en el éxito de tus proyectos. El *networking*, la construcción de relaciones sólidas y la colaboración con otros profesionales te permiten acceder a conocimientos, habilidades y experiencias que complementan las tuyas. Invertir en tu equipo y en tus relaciones es crucial para crear un entorno de apoyo y crecimiento mutuo. ¡La gente es la palanca que multiplica tus esfuerzos!

Propiedad intelectual: tu ventaja competitiva

La propiedad intelectual incluye tus ideas, innovaciones, patentes, derechos de autor, marcas y cualquier otro activo intangible que puedas crear. Estas creaciones son una fuente de valor único y pueden proporcionarte una ventaja competitiva en el mercado. Proteger y desarrollar tu propiedad intelectual te permite diferenciarte de la competencia y generar ingresos adicionales a través de licencias, regalías y otros mecanismos. ¡La propiedad intelectual es tu ventaja estratégica para destacarte y crecer!

Conclusión

La palanca es el arte de multiplicar tus resultados utilizando recursos estratégicos. Al combinar capital, gente y propiedad intelectual, puedes crear un efecto multiplicador que te permite alcanzar tus metas de manera más rápida y eficiente.

Recuerda, la clave para utilizar la palanca de manera efectiva es gestionar y optimizar cada uno de estos elementos. ¡Vamos a invertir sabiamente, rodearnos de personas talentosas y proteger nuestras ideas para alcanzar el éxito!

13. FÓRMULA DE LA RIQUEZA | 239

Espero que esta fórmula de la palanca te inspire a identificar y aprovechar tus recursos estratégicos para amplificar tu éxito. ¡El cambio comienza con la acción y la determinación de utilizar todas las herramientas a tu disposición!

CONOCIMIENTO = Saber algo que el mundo no conoce + Entrenar gente

La fórmula del conocimiento combina dos elementos clave: saber algo que el mundo no conoce y tener la habilidad de entrenar a otras personas. Vamos a desglosarla para entender cómo puedes convertir el conocimiento en una herramienta poderosa para el éxito.

Saber algo que el mundo no conoce:
tu ventaja única

El conocimiento exclusivo es tu ventaja competitiva. Descubrir, crear o aprender algo que aún no es conocido por el mundo te coloca en una posición privilegiada. Este conocimiento puede provenir de investigación, innovación, experiencia o una perspectiva única sobre un tema. Tener información valiosa y única te permite destacar en tu campo y abrir nuevas oportunidades. ¡Ser el pionero en un área específica te da un poder incomparable y te posiciona como líder de pensamiento!

Entrenar gente:
multiplicador de impacto

Tener la capacidad de entrenar a otras personas es una habilidad transformadora. Compartir tu conocimiento y habilidades con otros no solo amplía tu impacto, sino que también crea una red de individuos capacitados que pueden contribuir a tus objetivos y proyectos. El entrenamiento efectivo implica comunicar claramente, motivar y guiar a las personas hacia su propio éxito. Al empoderar a otros, multiplicas tu influencia y creas un legado duradero. ¡El poder de entrenar a otros es el multiplicador que expande tu alcance y transforma vidas!

Conclusión

El conocimiento se convierte en una fuerza imparable cuando combinas el saber algo que el mundo no conoce con la capacidad de entrenar a otros. Juntos, estos elementos no solo te posicionan como un experto en tu campo, también te permiten amplificar tu impacto y dejar una huella significativa.

Recuerda, el conocimiento es un recurso dinámico y poderoso. ¡Vamos a descubrir, innovar y compartir para construir un futuro brillante y exitoso para todos!

Espero que esta fórmula del conocimiento te inspire a buscar y crear información valiosa y a compartir tus habilidades con otros. ¡El cambio comienza con el aprendizaje y la voluntad de empoderar a quienes te rodean!

RETORNO INVERSIÓN = Interés compuesto +
Largo plazo

La fórmula que desglosaremos es: Interés compuesto + Largo plazo. Vamos a entender cómo estos elementos trabajan juntos para maximizar tu crecimiento financiero.

Interés compuesto: la magia
de la multiplicación

El interés compuesto es uno de los fenómenos más poderosos en las finanzas. Se trata de ganar intereses no solo sobre el capital inicial, sino también sobre los intereses acumulados. Este efecto multiplicador per-

13. FÓRMULA DE LA RIQUEZA | 241

mite que tus inversiones crezcan de manera exponencial con el tiempo. Al reinvertir los rendimientos, tus activos generan más ingresos, lo que a su vez se reinvierte, creando un ciclo de crecimiento continuo. ¡El interés compuesto es la magia que transforma pequeñas inversiones en grandes fortunas con el tiempo!

Largo plazo: la clave de la paciencia

Invertir a largo plazo es esencial para aprovechar al máximo el interés compuesto. El tiempo es tu mejor aliado en el mundo de las inversiones. Mantener tus inversiones durante un periodo prolongado te permite capear las fluctuaciones del mercado y beneficiarte del crecimiento constante y sostenido. La paciencia y la disciplina son fundamentales para resistir la tentación de retirar tus inversiones prematuramente. ¡El largo plazo es la clave para construir riqueza sostenible y alcanzar tus metas financieras!

Conclusión

El retorno de inversión se maximiza al combinar el poder del interés compuesto con una estrategia de inversión a largo plazo. Juntos, estos elementos crean una fórmula ganadora para el crecimiento financiero.

Recuerda, la verdadera riqueza se construye con paciencia, disciplina y una comprensión profunda del poder del interés compuesto. ¡Vamos a invertir sabiamente y mantener la visión a largo plazo para asegurar un futuro financiero próspero y seguro!

Espero que esta fórmula del retorno de inversión te inspire a aprovechar el interés compuesto y a adoptar una estrategia de inversión a largo plazo. ¡El cambio comienza con decisiones inteligentes y un compromiso firme con tus objetivos financieros!

Hacer dinero y vivir en Riqueza 360 no es magia negra, es una ciencia y se puede aprender. Ya tienes las fórmulas, ahora solo queda en ti aplicarlas.

> *Tengo un sueño. Un sueño de libertad, de justicia, de igualdad para todos.*
>
> Martin Luther King

PARTE III

Regresando el regalo

Decía David Foster Wallace en su impactante discurso "Esto es agua":

Están dos peces nadando uno junto al otro cuando se topan con un pez más viejo nadando en sentido contrario, quien los saluda y dice: "Buen día, muchachos. ¿Cómo está el agua?" Los dos peces siguen nadando sin poner atención a la pregunta, hasta que después de un tiempo uno voltea hacia el otro y pregunta: "¿Qué demonios es el agua?"

El punto de la historia de los peces es simplemente que las realidades más obvias e importantes son con frecuencia las más difíciles de ver y sobre las que es más difícil hablar.

Las cosas más obvias y evidentes son las que más veces pasamos por alto y son las que más desvalorizamos. Y te aseguro que, si le asignas valor únicamente a las cosas materiales, perderás el sentido de la vida, porque nunca nada es suficiente. Cuando ya tienes algo material, quieres lo siguiente. Nadie mejor que yo para saberlo. Sintiéndome invencible, pensaba que era feliz, pero la realidad era muy distinta. Huía del mundo, huía de mí. Caí de la cima del mundo corporativo y del poder para darme cuenta de que eso nunca me daría felicidad; me estaba generando todo lo contrario.

Nacemos, crecemos y nos empezamos a llenar de armaduras en función de lo que la sociedad y la vida nos pone al frente. Estas armaduras son mecanismos de defensa que nos ayudan a sobrevivir pero que nos alejan de nuestra alma, de nuestro niño interno. Así formas tu primera identidad. Pero eso no tiene nada que ver con quien realmente eres…, con tu esencia.

El problema no es en quién te conviertes, sino por qué te conviertes en esa persona. Nos convertimos en esas personas para atender las necesidades de la sociedad, porque así funcionamos. No es que esté bien o esté mal. El problema es que lo haces de manera reactiva e inconsciente. Es una consecuencia de tus traumas y de cómo funciona el sistema social que nunca nos cuestionamos. Y también cuando nos cuestionamos la gente piensa que nos estamos volviendo locos. Y, tal vez sí, necesitamos más locos, necesitamos una verdadera reconfiguración mental.

Ciertamente, el dinero es una condición necesaria, mas no es suficiente. Míralo como una grandísima herramienta que te da opciones. No es un tema de hacer dinero, sino desde dónde lo haces, para qué lo haces y, sobre todo, para qué lo usas. Como ya platicamos, las dos únicas personas de quienes te debería importar lo que opinen sobre ti son tu "yo" de 8 años y tu "yo" de 80 años. Estas son las dos personas más genuinas y auténticas que tienes, cuando llegas a este mundo y cuando estás a punto de irte. Entonces, ya no actúes desde la necesidad de mostrar a los demás tu valía en este mundo. Actúa desde el "yo" que nutre tu alma, el que deja un granito de arena en la gente y actúa desde el corazón, ese "yo" que haría sentir orgulloso a su ser de 8 y de 80 años. Y así cuando estés en el lecho de tu muerte serás feliz porque siempre habrás sido honesto contigo y porque habrás vivido bajo tus propios términos. Dale valor en tu vida a lo importante. Fíjate en mí: estaba tirando toda mi vida, todo mi potencial, por la borda. No cometas los mismos errores. Hoy he tenido la valentía de reencauzar mi vida y vivirla desde lo que considero es la riqueza, algo que va más allá del dinero, de lo material. Por eso puedo decirte que, siendo conciso y, al mismo tiempo, con mucha amplitud, estoy creando libertad a través de la riqueza.

Soy un eterno optimista de la humanidad y quiero ayudar a la gente a lograr su libertad, inclusive más allá de su libertad financiera, porque al final lo que yo experimenté fue eso, una libertad en un estado puro bajo la filosofía de la Riqueza 360.

La verdadera libertad es atreverte a ser tú mismo, ese que siempre has sido, ese que serás y ese que eres. La verdadera libertad es ser auténtico en un mundo que pretende estandarizarte.

Ahora te toca a ti. Eres libre de vivir en tu propia identidad. Da el paso y rompe los patrones. Inicia tu propia revolución. Atrévete a vivir la vida bajo tus propios términos. Ten calidad de vida, paz mental y relaciones significativas. Después alza tu voz, actúa con responsabilidad y recuerda lo que le decía su tío a Peter Parker: "Un gran poder, conlleva una gran responsabilidad". Es también tu tiempo de regresarle este regalo a los demás, de regresarle este regalo al mundo. Actúa y emana tu propia libertad y sé un ejemplo para que todos allá afuera vivan en Riqueza 360.

Por último…

Recuerda que ya despertaste. Vivías en un sueño, una realidad alterna; hoy ya vives en consciencia, vives en riqueza. Todo había sido una pesadilla, pero este libro te ha inspirado a despertar. Imagina que eres como Cobb en la película de *Inception,* sosteniendo tu propio tótem. Cada vez que gires ese pequeño objeto, sabrás si estás viviendo tu verdad o si estás atrapado en una ilusión creada por las expectativas de otros. No permitas que tus sueños se desvanezcan como un trompo que nunca deja de girar. Siente el peso de tu tótem en la mano, recuerda quién eres realmente. Despierta cada día con la certeza de que estás en control de tu destino, que no eres un títere de la sociedad. Porque, al final, la verdadera riqueza está en vivir una vida auténtica, plena y consciente. Y, cuando llegue el momento, mirarás atrás sin arrepentimientos, sabiendo que viviste una vida llena de significado, bajo tus propios términos.

¡Despierta ya!

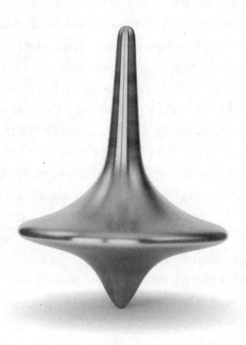

*Si conoces al enemigo
y te conoces a ti mismo,
la victoria esta asegurada.*

Sun Tzu, del libro *El arte de la guerra*

EPÍLOGO

La gran batalla

JAVIER MORODO

Para finalizar, me gustaría compartir contigo mi mayor victoria...

Toda gran obra y toda gran historia tiene tres grandes enemigos: el enemigo externo, el enemigo interno y el enemigo íntimo.

El enemigo externo es siempre el más fácil de identificar. Son los grandes villanos de las películas: el Guasón, Darth Vader, Scar.

El enemigo interno es más difícil de reconocer, pero lo puedes encontrar si te observas con atención. El enemigo interno suele ser alguien muy cercano al personaje principal. Su padre, madre, tío, hermano... No es coincidencia que Darth Vader sea el padre de Luke Skywalker y que Scar sea el tío de Simba.

Pero el enemigo más importante es el íntimo. El enemigo íntimo vive dentro del personaje principal. El enemigo íntimo es su conflicto interno, su lucha como héroe, sus dudas y miedos, y, a su vez, su llamado a la transformación. El enemigo íntimo es la duda de Simba, su sentido de culpa ante la muerte de su padre y la falta de confianza en sí mismo para reclamar el trono que legítimamente le pertenece.

Las grandes obras tienen personajes a la altura de la historia, personajes histriónicos, dignos de la mitología y de las grandes películas de Hollywood. A una gran causa le merecen enemigos a la altura de las circunstancias, enemigos que hagan que la batalla valga la pena, que vistan la historia, la resalten y, por encima de todo, enaltezcan la evolución y la transformación del héroe. Cuanto más grandes, más poderosos y más fuertes sean los villanos, más épicas son las historias.

Así como pasa en las historias, así ocurre en nuestras vidas. Nuestra vida no es más que "nuestra gran obra". Vivimos nuestra propia película.

Los últimos dos años he estado inmerso en un camino profundo de introspección y transformación: buscando mi propósito, regresando a mi esencia, reconciliándome con el niño que vive dentro de mí, tratando de ser un mejor ser humano y, sobre todo, buscando la felicidad.

Mis enemigos externos me han ayudado a iniciar este viaje, travesía que llevaba ignorando por mucho tiempo. Ese llamado a la gran batalla, ese llamado a la acción, ha sido gracias a ellos.

Mis enemigos internos han sido más difíciles de percibir y comprender. Me han causado sentimientos encontrados; he sentido culpa de observarlos con este lente, pero finalmente he sentido también mucha compasión por ellos. Los he aceptado y los he perdonado. En mi caso son mis padres.

Creo que probablemente ese sea el caso de la gran mayoría de las personas. Paradójicamente, al perdonarlos a ellos, me he perdonado a mí. Ellos viven dentro de mí; yo soy parte de ellos. Qué ironía y qué fuerte realidad ahora que yo soy padre también. Tal vez ese sea el gran regalo de la paternidad: darles a nuestros hijos una razón más para tener su llamado a la transformación. Los grandes enemigos también son nuestros grandes maestros.

Pero el enemigo íntimo es el reto más duro y complicado que he enfrentado: el más sigiloso, audaz y poderoso. El enemigo íntimo he sido yo, mis miedos e inseguridades, mis sombras y mi ego.

EPÍLOGO | 255

Mientras escribo esto, estoy en un retiro espiritual en la selva guiado por don José Campos y Pepe Ramos, dietando con plantas de poder, en silencio y ayunando. Es un retiro organizado con mucho amor por mi querido amigo Miguel Guillén, a quien ahora llamo "el halcón hechicero", ya que es un gran mago que viene descubriendo su propio camino.

Dice Naval Ravikant, gran emprendedor e inversionista, si quieres conocer tu nivel de felicidad, siéntate 30 minutos sin hacer nada y ve cómo te sientes. Este retiro es llevar esa idea al extremo.

Estas condiciones verdaderamente te confrontan con tu alma. He sentido pánico, ansiedad, incomodidad extrema y muchos otros sentimientos retadores. Pero también he sentido amor, gratitud, éxtasis. Qué gran paradoja es la vida.

Este proceso me ha permitido ver y observar uno a uno a mis grandes enemigos íntimos: mi ego, mi soberbia, mi necesidad de poder, mi incapacidad de observar lo volubles que somos, la falacia del control que es una simple ilusión.

En este retiro finalmente acepté que soy alcohólico. No puedo controlar el alcohol; el alcohol me controla a mí. Soy un "alcohólico funcional", lo que sea que quiera decir eso. Creo que los funcionales somos los peores, pues al ser "funcionales" se nos "permite" ser alcohólicos toda la vida, pues tal vez nunca toquemos fondo. Qué pesadilla.

La mayoría de mis problemas tienen que ver con el alcohol. Las discusiones en casa, mi incongruencia, mi estado de ánimo, mis tropiezos, mi ansiedad, mi miedo, mi falta de energía y productividad, mis problemas de salud, mi apatía e indiferencia, mi falta de disciplina, mi falta de compasión, mi soberbia, mi vergüenza, mi inconsciencia y mi falta de amor propio.

Sin olvidar al mayor enemigo íntimo amigo de todos: el ego. Es este avatar que hemos creado, esta armadura que pensamos que nos protege, pero que muchas veces hace todo lo contrario: nos expone. Es este ego que piensa que todo lo puede, que no somos parte de la estadística, que no necesitamos ayuda, que nosotros podemos más, que los clichés y las reflexiones de los grandes filósofos no nos aplican. Vaya que sí estabas equivocado, querido ego.

Mi padre fue alcohólico, mi abuelo fue alcohólico, mi tío fue alcohólico. Todos ellos murieron jóvenes y trágicamente gracias a su alcoholismo. ¿Cuántas señales más necesitaba?

En este retiro he podido observar mi propio infierno; un infierno creado por mí, por mi incapacidad de observar la realidad, pura y dura; una jaula que yo mismo he creado y reforzado gracias a mi pasado, mi genética y condicionamientos sociales. Si no cambio, voy a morir, y si no muero, voy a ser miserable, voy a vivir arrepentido toda la vida por haber sabido y no haber podido.

Ese arrepentimiento es el peor infierno: el arrepentimiento de desperdiciar todo el potencial, todas las posibilidades, por estar enjaulado en una adicción que me hace tanto daño. Aún peor, el arrepentimiento de haber perpetuado esta maldición hacia mis hijos y verlos sufrir lo que yo he sufrido. Prefiero morir que vivir esa historia.

Lo más fuerte y poderoso de estos procesos es que lo que se ve no se puede "des-ver". Yo ya sé qué pasa en mi historia; nadie me lo contó, yo lo viví.

Todos tenemos un alcohólico dentro, una adicción. Quizá para muchos no sea el alcohol. Tal vez sea el control, la codependencia, el miedo que te paraliza, tal vez alguna otra sustancia.

Realmente no importa cuál sea. Lo que importa es que la descubras, que la hagas consciente y que tengas el coraje de trascenderla para salir del infierno. Ahí está el camino del héroe. Si no lo haces, vivirás enjaulado para siempre.

Liberarnos de los condicionamientos es la verdadera libertad, es nuestra misión en la vida y nuestro camino de la mente al corazón. Todos tenemos la llave de la jaula; simplemente hemos olvidado dónde está guardada.

De la mano de este gran reto que tengo por delante, vienen otros muy importantes: reconciliarme conmigo, y perdonarme; pedir perdón a la gente a la que lastimé. Esto también lo haré por ellos y con ellos.

EPÍLOGO | 257

El 21 de enero, sin saberlo, tomé mi última gota de alcohol. Después de 39 años de vida, 25 años de relación con el alcohol y dos intensos años de introspección, hoy confronto este gran reto y asumo mi responsabilidad en esta gran batalla. No será fácil, ya que me enfrento a un gran oponente que lleva dos décadas y media doblegándome sutilmente, pero la causa y el propósito son mucho mayores. Nunca hay que vencerse ante la grandeza del amor y eso es justamente lo que siento en esta batalla, amor por mí, amor por mi familia, amor por la vida.

Decía Steve Jobs que solo puedes conectar los sucesos de la vida en retrospectiva. Tenía razón, hoy todo hace sentido. Agradezco a mis grandes enemigos, ya que me han dado el mejor regalo: una vida digna por la cual luchar, una causa justa que me inspira a ser mejor, a reforzar mi amor propio, a ser un ejemplo para mi familia, para mis amigos, para mi comunidad y, a través de ello, a SER.

La magia que estás buscando se encuentra en el trabajo que estás evitando.

¡Que comience la gran batalla!

Agradecimientos

Expreso mi enorme gratitud al invaluable equipo editorial que hizo posible *Riqueza 360*: a Alex Pacheco, director; Denise Sánchez, directora editorial; Claudeé Galindo, directora de edición y diseño; Guadalupe Ortega, coordinación administrativa; Alejandra Pérez, directora comercial, Katherin Pérez, gerente de proyectos, Ramón López Aguado, diseño editorial, y especialmente a Marisol Gudiño, por el diseño de la portada de esta obra y por ser la coordinadora editorial de este proyecto. Mi gratitud por su labor y entusiasmo.

Esta obra se terminó de imprimir
en el mes de marzo de 2025,
en los talleres de Impresora Tauro, S.A. de C.V.
Ciudad de México.